JN169590

アラフィフ世代に贈る起業術

廣橋潔則 著

セルバ出版

はじめに

何事にも、始まりがあれば、終わりがあります。我々サラリーマンにも必ず終わるときが来るのです。

組織の一員として、粉骨砕身、組織目標達成に向かって全力投球し、頑張って来た私たちにもそのときは否応なしに来るのです。

それは、従来は定年という大きな区切りでした。

しかし現在は、役職定年や早期退職、転職を含めて、時期も問わず、手段も多岐にわたり、その中で、決断しなければならないときが、従来よりも早くまた多く訪れて来るようになったのです。

一方、企業を取り巻く環境は激変し、ますます厳しいものとなって来ていることは身にしみて感じていることと思います。

現状は、昇進昇格どころかキャリアパスすら描けず、従来の人生設計では立ち往かず、企業の生き残りをかけた戦いの中で、人への投資はコストとみられ、目先の業績向上を最優先する経営が目につく状況です。

このような環境の中で、自分自身の人生をいかに楽しく愉快にそして悔いなく過ごしていくのかという命題に、回答を見いだせずに、やむを得ず、現状に甘んじている人が多くおられるのではないでしょうか。

このような変化の中で、企業も55歳研修など、その後の人生設計を考える「場」を設けていますが、その研修内容は、60歳になったら再雇用の道を選びますか？　選ばないのでしたら早期退職制度を選びますか？　早期退職制度を選ぶのなら割増金はいくらですよ、等々の条件を計算させて、早めの決断に持っていくという流れが主流となっているのは残念でなりません。

このような社内外の変化に対応していくには、入社時から自分の人生設計の中に、その「終わりの時」の対応を考えておかねばならないということです。

そこで、私自身が、実際に経験し体験してきたことを通して、悩み、考えながら「ドキドキ！」「ワクワク！」の中で得たことやヒントを、多くの「考えている」サラリーマンの皆様へ、応援歌として贈りたいと思います。

組織には、育ててくれた感謝の気持ちもあり、仕事に対する愛着もあります。

しかし、しがみつくほどのこだわりはありません。残ってもいずれは定年を迎えるのですから。

自分自身の人生を悔いなく生きて行くための「元気」と「勇気」を皆さまへ、お届けしたいと思います。

平成28年10月

ヒューマン・アセット・コンサルティング株式会社　代表取締役　廣橋　潔則

アラフィフ世代に贈る起業術　目次

はじめに

第1章　辞めようと思ったときが最高のときである【準備のKey】

1　サラリーマンが辞めるときの心情・10
2　辞めるときの時期の選び方・13
3　辞める準備は淡々と・15
4　辞めた後の税金処理を忘れずに・18
5　資金準備に備えた退職金の貰い方・20

第2章　事業を起こし成功する秘訣【できる起業のKey】

1　コンセプトを創る・24
2　自分自身の強みを知る・28
3　事業性を考える・30

4　応援してくれるようなビジョンをつくる・35
5　お客様も儲かる事業戦略をつくる・39
6　楽しい営業戦略をつくる・44

第3章　これが成功のポイントだ　【できるマインドセットのKey】

1　思いは具体的に絵で描こう・50
2　思いを伝える工夫・54
3　人脈を活用するポイント・59
4　支援者をつくるポイント・63
5　HPは絶対に必要なのか検証しよう・66

第4章　会社をつくるステップ　【できる事務手続のKey】

1　さあ会社を立ち上げよう・70
2　個人事業主か会社法人か、どっちが得なの？・74
3　税理士は相性が一番・75
4　自分の城を持とう・81

5 意外と知らない印鑑のこと・85

第5章 これが失敗しないためのマネジメント！【できるマネジメントのKey1.】
1 組織をつくり、ルールを決める・90
2 人間関係を明確にする・95
3 マネジメントの仕組みをつくる・99
4 情報の仕組みを構築する・104
5 対象顧客を絞る・107
6 PDCAを回す・113
7 お客様のお客様視点を持て・119

第6章 リスクマネジメントを考える【できるマネジメントのKey2.】
1 常に二の矢、三の矢を考えておく・124
2 リスクを評価する・126
3 リスクへの対策を立案する・128

4　撤退も戦略の1つである・129
5　現役時代のプライドは捨てよう・134

第7章　自分自身が楽しくなくては成功しない【できる継続のKey】

1　起業を楽しむ・138
2　利益は楽しむと自然に出てくる・142
3　常に成果を求める・146
4　夢を持て　夢がなければ目的もなくなる・148
5　事業が継続するポイント・151
6　失敗も乗り越えて楽しくするには・155

あとがき

第 1 章

辞めようと思ったときが最高のときである【準備の Key】

1　サラリーマンが辞めるときの心情

長年勤めた会社を辞めたとき

長年勤めた会社を辞めるときの心情はいかなるものでしょうか。

その決心はどんなときに、どのようにして決めたのか？　自分自身を振り返って見ると、まず最初に60歳で定年となってからその先、再雇用しないと決めていました。

そうすると「いつ辞めてもよいんじゃない」と考えるようになりました。

55歳になったときに、これからの5年間を、そして定年後を、どのように生きて行くのかとしきりに考えました。

57歳で役職定年制度があり、役員以外は、いわゆる「一丁上がり」となります。

勿論給与は、一段階下がり、更に翌年には、もう一段階下がるぐらいの大幅ダウンです。

そして、仕事はというと、明解になっていない様子で、そのときの状況次第みたいな感でした。

つまり会社としては積極的に雇用したいというわけでもなく、年金の支給年代まで雇用せよとの「お達示」に従わざるを得ないという非積極的対応ですから、あまり考えてなく、仕事もない様子が覗い知れました。

それでも再雇用してくれて、今までの経験を活かして、「最後のご奉公」をするという大義はあるのです。

「若手へのアドバイスやら、知見を活かして貢献してくれ」と言われますが、実際は、元部下の下で、仕事らしい仕事もなく、かといって昔の先輩たちのように、新聞読んでいればいいわけでもなく、小刻みに区切られた仕事をただひたすらに大事に扱い、それなりのスピードで、他とのバランスを崩さないように処理しつつ、「大人しく」過ごしていてくださいと言うのが、制度スタート直後の様子だったと思います。

だとしたら、これからの5年という期間をそのように過ごし、更に再雇用で数年間過ごすのは如何なものかと思うし、「もったいない」と思うのは、至極当然の考えだと思います。そう思うのは、私だけではないでしょう。

夢や希望に挑戦する

もしもそのような状況下で、残りの時間を過ごすのなら、やりたいこと、できること、やらなければならないこと、夢や希望に挑戦すべきではないかと思いませんか？

「もう一人の自分」がきっとそう叫んでいますよ。

こう考えると、私は、もう止まらない性格をしていますから、30年間のサラリーマン生活で抑えて来た、押さえられてきた「やりたいこと」がどんどん噴出してきました。

思ったときが最高のとき！　とばかり、いろいろなことに考えを張り巡らし、想像していくとますます楽しくなってきて、ワクワク！　してくる自分がいることに驚きながら、ただひたすら「何がしたいのか？」「どのように生きていきたいのか？」「それが世の中のためになれば最高だね！」などと夢のように考える時間が多くなりました。

成功の保証も確証もないけど、「まずはやってみよう！」と思う気持ちが大きくなって来て楽しい自分の姿が浮かんで来るのです。

そうなると、辞めよう！　との気持ちが強くなり、どんどん固まってきました。

もちろん会社への未練もあり、辞めることへの不安もあり、30年間の思い出も、駆け巡りました。

様々なことを想像し考えて行くと、混沌とし、カオスの世界に入り込んで行き、身の心もざわざわと騒然としてくるのです。

それがまた久しぶりにワクワクして来て楽しくて仕方ないのです。

こうなったら辞めるしかない！　それが55歳のときでした。

2 辞めるときの時期の選び方

「そうだ」と思ったときが辞めるとき

何事においても気持ちが盛り上がり、「そうだ」と思ったときが最高のときと思うことです。

辞めるときの条件は、会社の事情により変化しますから、そう思ったときが、条件的に最高なのかと言えば、そうとは限らないでしょう。

私のときも、実は決して最高のときではなかったのです。

なんと辞めた5か月後に、最高のいい条件が出たのです。

一時金で、なんと２２００万円も違う！　あと5ケ月在籍していれば２２００万円多く貰えたのです。親切な後輩が、わざわざその資料を送ってくれました。

その資料で、早速電卓を叩いたら、とても「がっくり！」したことを覚えています。

なんとその差額の大きいこと！　眼が点になったことを今でも覚えています。

通常の早期退職制度は、毎年50名とか募集をしています。

私は、販売教育部長として、本部スタッフを経験しましたから、人事やそれを請け負う関連会社のシェアードサービスの実務担当の人たちとのコンタクトラインは沢山持っていました。

当然の如く、事前にそのルートの先輩に相談をしたところ、「それはいいことだ」と、早期退職に手を上げることを喜んでくれたのです。

自分自身でも辞めて何かをやろうと思っているわけですから、「君ならできるよ！　成功間違いなしだね！」的なことを言われるとますますその気になりました。

でも、後から考えたら彼らは何人辞めさせるかの所謂予算を持っており、ノルマ達成が彼らの期待値であり評価なのだから、今思えば一人候補見つけた！　と歓迎してくれたのでしょう。

その先輩曰く「親会社の予算締め付けが厳しいし、知ってのとおりケチな会社だから、現在の早期退職の条件ももっと悪くなる可能性が高い…」との耳打までしてくれたのです。

そのこともあり、「7月末で辞めます。詳しく教えてください」と即刻お願いをしました。

まさか5か月後に条件が変わることなど知る由もなく、「いい先輩だな」と思ったことを思い出して今更ながらに苦笑いとなります。

所詮、様々な会社のマル秘事項など知る由もない我々としては、いつ辞めてもよいんだと思うことが大事です。様々なことを考えすぎて、時期を逸するほうが、もっと勿体ないし、時間という資産を失うことにもなるのです。

つまり、辞めようと思ったときが「最高のとき」なのです。

3　辞める準備は淡々と

辞めて何をするか

辞めて何をするのか？　これが一番大事なことです

辞めることが目的ではなく、何かをするために、辞めるのですから。

目的と手段をはき違える人が沢山いますが、何をやるのか、何がしたいのか、目的を明解に持たないと駄目になります。

往々にして、会社への不満、上司への恨み辛み、同僚や部下への愚痴等で辞める人、または目先の一時金欲しさの短絡的発想では成功はおぼつかないと思います。

また恨み辛みの世界から脱出できない人は、志が小さく目的も歪んだものになります。

つまり他責にして、それを理由に辞めても、明日は掴めないということです。

どのような人生を歩みたいのか

自分がこれからどう生きるのか、どのような人生を歩んでいきたいのか。

そのために何がしたいのか、何ができるのか、それは社会が必要としているのか、それによって市場やお客様は喜ぶのか、その喜ぶ顔が見えるか、そして自分自身の存在の喜びを感じることができるのかなどを自問自答して、自分なりに、その「解」を持っていなければ成功しないと思います。その目的に向かって、目標を立て、具体的に行動計画をつくって始動しないと、成功どころか、右往左往、迷路に迷い込むことになると思います。

つまり、ここは「淡々」と、「ゆっくりかつ確実」に進めることが大事です。

多くの方々が、その事業は儲かるのか、市場性はあるのか、今やることが得か損かという判断基準で事業を考えてしまう傾向が多いのではないでしょうか。

儲かるかどうかは、次の言葉を噛みしめて欲しいと思います。

どのくらい役に立つのか

ある講師の方（東急ハンズを立ち上げたメンバーの一人）の言葉を贈ります。「太陽に向かってしっかり立てば、影が長くできますね。歪んで太陽に向かえば影も歪みます。その影の大きさが、利益なんです」。

つまり、いくら儲けるかからのスタートではなく、どのくらいお役に立つのかが大事なのです。

この事業で、この計画で、今より収入は良くなるのか？　いやいやまずは食べていけるのか？

と様々な計画を立てますが、ここはしっかりと「軸」を決めて、王道で淡々と準備をすべきときなのです。

しかしこの時点で、詳細な計画を持っている人は少ないのではないでしょうか。

人生初めての大きなプロジェクトなのですから、不確実性があるということを大前提で置いて考えないと計画倒れになってしまいます。

この時点で外してはいけないポイントを押さえてください。

まずは What（何？）を考えることが大事です。どうやるか、どうすれば成功するのか、と How 先行で考えてはいけないのです。何をするのか、何のためにそれをやるのか。それを考え、答えを引き出せる力、ここで求められるのは What 構築能力なのです。

大切なのは熱い思い

更に大切なのは「志」であり、「熱い思い」であり、「情熱」です。

小手先に走って「大義」を見失うことなかれ！

慌てないためにも、目先に追われずじっくりと腰を据えてできる体制をつくるには、資金力が重要な Key となります。

よく聞かれますが、まず準備すべきは、企業に必要な設備や運営費用のほか、最低1年間自分と家族との生活が維持できる資金です。これで当面は、心置きなく始動できます。

4　辞めた後の税金処理を忘れずに

退職するときの提出書類

まずは、退職するときの提出書類を整理しましょう。

・退職願。

代表取締役宛てに退職承認の願いを出さねば退職できません。

つまり認められないと退職できないということです。

認められないケースは、会社から借入金がある（共済会融資）。住宅融資を会社から受けている。関連会社で車のローン期間が残っている等は、すべて支払わないと認められません。

氏名、所属、退職事由、退職年月、入社年月、返却品（社章、IDカード、PC等々）、現住所、退職後の住所、電話番号、大体このような内容の書式になっています。

・共済会に加入していれば脱退届

・財形をしていれば、財産形成貯蓄解約払戻請求書。

・健康保険の継続届。継続申請するときは家族全員の住民票が必要。
（継続しない場合は国民健康保険か、社会保険に加入することになる）
・雇用保険離職理由申出書、
失業保険を貰うための書類だが、離職後会社を設立したら失業保険は貰えません。
・企業年金基金脱退給付金に関する申出書
それぞれの会社によって、企業年金の仕組みが違うのでそれぞれの事情に合った対応をしなければなりません。

基本は一括で貰うか、繰り下げて60歳まで運用してもらい、60歳以降に年金としてもらうかどうかの選択をしなければなりません。

また確定拠出年金をしている人は、60歳超えないと解約できませんからご注意ください。
・コーポレイトカードを持っていれば脱会届を提出

忘れてはならないのが税金のこと

以上で手続は万全です。しかし忘れてならないのはこの後に来ます。

退職金にかかる税金は勿論ですが、前年度の税金の未払分は一括で支払わなければならないので現金の準備が必要となります。

住民税がドーンと来ます。しかも健康保険も、会社の保険を継続すると一括払いとなりますし、傷害保険や車の保険も、私の場合は一括で請求が来ました。

つまり組織に所属している場合は毎月支払いでよいのですが、辞めたら「ただの人」であり、社会的信用は皆無となるわけですから、すべてが一括先払いに変わっていく様は、「ああ会社を辞めるということはこういうことなんだな」と実感する瞬間でもあります。

退職金も一時金で貰うと30％前後の税金がかかります。

なんでもお金が要りますから現金を手元に確保することです。

友人などは、カード会社に新規に入れずよく宣伝している誰でも入れるカード会社にしたと、笑えない話も耳にしました。すべてが「変わる」ことを覚悟しておくことです。

こんなことで立ち往生しないように、万全の準備をしておくことがKeyです。

5　資金準備に備えた退職金の貰い方

一時金か年金か

最初に決めなければならないことは、退職金を一時金で貰うのか、年金に入れて運用し、60歳から貰うのかです。

現預金がある人は、そのまま預けて、運用して、60歳以降に貰うのが一番いい選択と思います。

企業年金の利回りは３・５％保障と言われてますから、今時こんな高利回りのものはありません。

余談ですが、私の先輩たちはなんと今でも５・５％の利回りが保証されています。

本当に良い世代の人たちで、羨ましい限りですね。

現預金に余裕がない私のような人間は、一時金で貰うしか選択肢がありません。

多くに税金が取られることを覚悟しながら、約30％前後は税金として引かれますが、その選択しかないのです。こればかりは仕方ありません。

これは額としてかなりの金額になるから、やはり少し貯金をしとけばよかったなぁと、今頃反省しても遅きに逸してますね。

また４０１Ｋで運用している部分に関しては、小生の場合は62歳の誕生日まで解約できず、したがって当面の資金としては使えませんでした。

勿論会社から住宅ローン融資とか借入金があれば差っ引き返済せねばならないから、手元に残る金額から、１年間の生活費を確保すると、ほとほとガクッと来るぐらい手元に残らないと思います。

まだ時間的日数的に余裕のある方は、その辺を少し考えておいたほうがよろしいかと思います。

成功のカギ

また万全の準備をしたからと言って必ず成功するとは限りません。

万全の準備をしないと事を起こせないというのならいつまでたっても何もできないのではないかと思います。完全でないが行けると思ったら前へ！　進むしかないでしょう！

半分以上の確率があると思ったらやるしかないと思います。

「いつやるの？　今でしょう！」の予備校の林先生の言葉を思い出して振りかえらずに行きましょう。つまり、辞めようと思ったときが最高のときで、そのときに飛び出すことが成功のKeyであると確信します。

初めの一歩は自分への尊敬から

自分はたいしたことがない人間だなんて思ってはならない。それは自分の行動や考え方をがんじがらめに縛ってしまうようなことだからだ。最初に自分を尊敬することから始めよう。まだ何もしていない自分を、まだ実績もない自分を、人間として尊敬するんだ。それは自分の可能性を大きく開拓し、それを成し遂げるにふさわしい力を与えることになる。

自分の人生をまっとうさせるために、まずは自分を尊敬しよう。

超訳ニーチェの言葉より引用（フリードリヒ・ニーチェ、白取晴彦編訳、ディスカヴァー・トゥエンティワン）

第 2 章

事業を起こし
成功する秘訣
【できる起業の Key】

1　コンセプトを創る

コンセプトとは

コンセプトやビジョン。はたまたバリューやクレド等々の言葉がはやっていますが、混同してこんがらがっている人が多いのではないかと思います。

研修コースをやっていても、使っている方々が、きっちりと整理できてないのでは・・・と思うことが度々あります。

そこで、まず言葉の意味を整理してみたいと思います。

コンセプト（Concept）とは、全体を貫く基本的な概念という意味です。

たとえば、わかりやすい例として、ＢＭＷの３シリーズのコンセプトは、「駆け抜ける歓び」です。

今は、その「旗」を降ろしてますが、かっての富士ゼロックスは「The Document Company」でした。つまり簡潔に、その製品や事業を一言で言い表すのも「基本的概念」がコンセプトなのです。

旭山動物園の「行動展示」もわかりやすい事例ですし、ＴＯＴＯのオシュレットの開発コンセプトの「お尻も洗って欲しい」はあまりにも有名です。

ここでの注意点は、ビジョンとかミッションとかの言葉に翻弄され、混同し間違って使わないようにすることです。

ビジョン・ミッションとは

ビジョンとは、数年先のなりたい姿であり、目指すべき姿です。

全社ビジョンと事業ビジョンを混同しないことも重要です。

全社ビジョンがなく事業ビジョンばかりというのもおかしな状態です。

ミッションとは、使命とか役割です。（肩書きのことではありませんよ！）

横文字で語ると、内容がよくわからないがなんとなくカッコよく聞こえたりすることがあるので、自分自身もよく理解しておらず、また相手も納得できてないことが多々見られます。それは是非とも避けてください。

カッコよさでなく、自分も納得し、相手も納得してくれるのかが成功の Key です。

ちなみに、弊社の事業ビジョンは「個と組織のパフォーマンス向上のベストパートナーを目指します」であり、コンセプトは、「感謝！　感激！　感動！　のマーケティングを提供し」「感謝！　感激！　感動！　の組織創造とそれを支える人の育成を支援し」「感謝！　感激！　感動！　の世界を創ろう！」です。

人材開発や営業力強化を通して、感謝・感激・感動の世界を創りたい！　これが私の起業の思いであり、どのような苦難や困難があっても「やるぞ！」との思いの原点がここに込められているのです。

みなさんも、ここをしっかりと考えて、見据えておかないと、荒波が来るたびに「慌ててみたり」、ちょっと苦しいと「辞めちゃおうかな」なんて弱気になってしまうので、しっかりと考えて創ってください。

コンセプトのチェックポイント

考えたコンセプトをチェックするポイントは次の点です。

そのコンセプトに、

・夢があるか？
・思いがあるか？
・熱意は感じられるか？
・高い目標となっているか？
・お客様と市場の理解は十分か？
・何を提供するのか明確になっているか？

〔それぞれの定義〕

理念	会社や事業を興した根本の考え
バリュー	会社や組織の共有する価値観、大切にすること、社訓
全社ビジョン	数年後の目指すべき姿
事業ビジョン	数年後の事業のあるべき姿
コンセプト	貫く基本的な概念
スローガン	主張や思いを簡潔に表現したもの
クレド	信条、行動の拠り所にする基本指針

・ワクワクするか？
・他の人の応援が貰えるか？
・全社ビジョンと連携しているか？

満点は無理でも、それいいね！　と同意して納得して賛同してくれるかどうかが、分かれ目です。

どうみても自分だけがいい、自己中心的コンセプトではいけません。それではいずれ頓挫してしまいます。

応援者が出てくると、それは理想のコンセプトと言われています。「それ私にもやらせてよ」と応援者が沢山でてくれば、もう成功したも同然です。

ここは時間をたっぷりかけて、じっくり考えましょう。

応援者が全国にいて、コンセプトに共感したから「お宅から買うよ」という事例も聞きますから、ウオッチしてベンチマークしてみてください。言葉が先行して、混同しないように明確に定義しておくことが大事です。

2　自分自身の強みを知る

ドラッカーの言葉

あのドラッカーさんが言った言葉「自分自身の強みに立て」。

つまり強みを活かしてその上で事業やマーケティングせよということです。

では、自分自身で自分の強みを知っていますか。

それは社会やお客様が認めてくれていますか。

そして、その提供することに対してお客様が対価を払ってくれますか。

更に競合に対して勝てますか。つまり競争優位にあるかどうかに直結します。

手前みそではなく、冷静に自己分析をすることが大事です。

まずは、自分自身の強みをすべて出してください。

何故それは強いと言えるのか、その根拠は、競合他社（者）の状況は?

一覧表にして、評価をしていくと客観的に見ることができます。

自分自身の経歴を振り返り、自信を持ったり、やってきたことや社内外で飛び抜けた評価を受け

強み	何故強いと言えるのか	競合他社(者)は?	評価	他
営業力強化コースができる	現場経験と実践が豊富、更にコース開発ができる。	営業力強化にかこつけたシステム販売が主力	5	お客様は1日30万は払う!

たことや、お客様から絶賛されたり、感謝されたことを、すべて洗い出してみると結構あると思います。

勿論、保有資格等も重要なポイントですが、資格があるからイコール強みとはならないことも肝に銘じておきましょう。

資格等は、ないよりはもちろんあったほうがいいですが、資格があるからお客様がつくわけではなのです。

弱みの分析を先にしない

注意点は決して弱みの分析を先にしないこと。

時間とコストがあり余っていて、競争関係が無いというような環境なら、じっくりと弱みを改善していく方法もあると思います。しかし昨今の市場やお客様からの要求の1つはスピードです。Eat and Slow（遅いと食べられちゃうぞ）とならないように注意をしましょう。

強みに立つ！　スタンスが大事です。

そして、しっかりと競合他社（者）との比較をすることです。それで勝てるのか？何故勝てるのか？　お客様は喜んでくれるのか？　更に参入障壁は低くないか？　も考えておくことが大事です。つまりすぐ真似されないか？　誰でも参入しやすくないか？　競合だらけの状況にならないか？　のチェックもしましょう。

折角、考えて、考えて、熟慮の上で実行したのだけど、すぐに競合だらけというのでは泣くに泣けませんから。

もう1つのチェックポイントは、自分で作成した強み弱み表を他人に見てもらい、アドバイスを貰うことです。

そういう仲間はいますか、是非そういう仲間をつくっておくことも成功のKeyです。

失敗するタイプの多くは、自分に甘く、市場や環境認識も自分に都合の良いとこ取りとなりますから、本当のことを言ってくれる仲間が不可欠なのです。

自分に甘く、他責にするタイプの人は特に注意をしましょう。

3　事業性を考える

自分の強みを話す

企業向け教育事業市場規模は、約３６００億とも言われています。

かつフェイスToフェイスで実施されるものから、通信教育、Ｗｅｂラーニングまで様々な形態が

〔図表１　マーケティングの手順〕

①その事業を取り巻く環境認識をする
②その事業の市場を見る
③市場調査
④何処をドメインにするのか？　事業領域を決める
⑤更に市場をセグメントし、狙い先市場を細かく決める
⑥そのセグメント先の成長性を測る
⑦その対象顧客への提供価値が競合優位性があるのかどうか判断する
⑧またはどこで勝ち、何を捨てるのかを決める

あります。私の場合は、自分の強みを活かして、教育研修事業に参入しようと考えたので、主要な市場はどこか？　は明確でした。

つまりドメイン（生存領域）を明確にしないと始まらないのです。

そしてドメインが決まったら、その市場を詳細にサーベイ（調査）しないと先々危うい！　というのが定石です。

しかし、数人の零細規模や、一人企業の規模だと、詳細にわたってサーベイする必要はないのではないかとの声も聞きますが、参入しようとする市場や業界の動きの把握と将来予測や競合の動向等々は把握してなければならないと思います。

つまりそこにお客様のニーズがあるのか、お客様のお困り事があるのか、それを解決してほしいと思ってるのか、そこは何処にいるのか・あるのか、どのぐらいの量であるのか…。

今後もその要求は強まるのか、一般的には、そのような観点で、参入しようとする市場を調べることは最低限と思います。

まずはしっかりボタンを掛けましょう。しっかり掛かっていないと、ずれて来て大変なことになります。

起業時に必要なマーケティング

図表1に、定番の起業時に必要なマーケティングの手順を記します。

環境認識のツール

ここでは①の環境認識するために、通常よく使われる代表的なツールを紹介します。

環境認識は、外部環境認識と内部環境認識とに分けて実施します。

外部環境認識の代表的なツールは、PEST+E分析。お客様・競合の将来動向将来ニーズ把握。5Forces分析、です。

内部分析の代表的なツールは、自社（自分）の強味弱み分析です。

PEST+E分析は、POLITICAL（政治）ECONOMIC（経済）SOCIAL（社会）TECHNOLOGICAL（技術）ENVIRONMENTAL（環境）の各項目を、自社（自分）の事業にとってそれぞれの事象が、チャンス（機会）なのか、脅威なのか、で分けて整理し分析します。

ENVIRONMENTAL（環境）の項目は是非忘れないように入れてください。すべての活動が環境に優しくなければその事業や企業の社会的責任は果たせず、存在すらできなくなるのですから、今や必須と思います。

分析のポイント

①お客様・競合の将来、動向、将来ニーズ把握

現状の顕在化しているニーズや動向の把握だけでは駄目です。仮説を立てて、将来お客様からこのようなニーズが寄せられるのではないか、なぜならあのときあんなこと言ってたなぁ…など、推測し仮説を立てることがKeyです。

競合の動向も、今日現在の動向把握は勿論ですが、近い将来たぶんこんな戦略で攻めてくるのではないかとか、予測する力と仮説立案力が求められます。

②5Forces分析

ご存じ、マイケルポーターの競争戦略論のFive Forcesを使い、自社（自分）の置かれている関係を、供給者と買い手、新規参入と代替品の絡みで、認識するツールです。それぞれの関係が強いのか、弱いのか、参入障壁は高いのか低いのか、取って代わる代替品は豊富なのか少ないのか、という視点で分析をする。

③自社（自分）の強味・弱み分析

項目的には、経営力（理念・ビジョンがあり、明解か？　経営戦略があり、方針が定まっているか？　イメージはいいか？　多種多様な人脈があるか？　他社（他者）との交渉力やコミュニケーション力があるか？　リーダーシップはあるか？）などの視点で経営力の強味と弱みに分けて分析

していくのです。他の項目も同様です。

財務力（資金は？　予算計画は？　売上利益予測は？　キャッシュフローは？　借り入れは？）更に将来借入予定がある場合は、黒字化計画も併せてチェックすべきです。

マーケティング力。お客様と市場が求めることを最適な形でお届けすることがKeyです。（商品やサービスの開発力は？　販売力は？　販売ルートは？　新規開拓・既存顧客状況把握データーベースは？　価格設定は？　チャネル開発は？）

IT・情報の力。一人とか少人数だからこそITを駆使して効率化を図らねばならないのです。ここでは、お客様情報のデーターベース化は？　受発注の確認の仕組みは？　営業のプロセス管理は？　ドキュメント等の管理の仕組みは？　個人情報やマイナンバー制度への対応は？

人と組織の力。一般的には、企業風土文化・賃金、モチベーション、保有能力保有資格、エンパワーメント、評価制度・教育研修制度等々である。該当する項目を自分で選択し詳細項目を決めて、分析すべきである。

各分析が終わったら、すべてをじっくり見つめつつ、自社（自分）の事業への関与度が高い項目の強味をハイライトする。その強みと、機会を重ね合わせると、何をしなければならないかが出てくる。それが戦略目的となります。

つまり市場の機会と自社（自分）の強味を掛け合わせることで、戦略目的が抽出されるのです。

それをしっかりと進捗管理しながらやっていくことが成功への道なのです。

最低限このぐらいの分析は是非とも実施すべきと考えます。やればやるほど事業の成功確率は上がります。

4　応援してくれるようなビジョンをつくる

ビジョン作成のポイント

先に述べたように、ビジョンとは、簡潔に言うと「数年後のありたい姿、目指す姿」です。

弊社の目指す姿は、「個と組織のパフォーマンス向上のベストパートナーを目指します」です。

ビジョンを策定するときには、とにかく語呂合わせがよく、言葉の流れもよく、万人受けする的な発想で作成すると大きな間違いになります。

あくまでも、経営者として事業主として、自分が目指す数年後の姿を具体的に見えるように簡潔に表現することが基本です。受け狙いはいけません。

ビジョンを作成するときは、次のようなチェックを入れて作成してください。

各言葉の意味やその言葉が持つ内容を明確にしておくこと。たとえばよく使われるベストパートナーとはどのようなパートナーなのかをしっかり規定しておくことが大事です。

弊社の言う「ベストパートナーとは、お客様の顕在化している課題解決は勿論のこと、潜在している課題解決のパートナーとなる」と規定しました。

更にパートナーとは何かもしっかり規定しないといけないと思います。

パートナーとは、一般的には共同で仕事をする相手であり相棒のことを言いますが、私の考える規定では、お客様との関係性が、業務改善のレベルを超える、顕在化している課題解決だけでなく、潜在している人と組織の課題解決のなくてはならない「相棒」であると規定してます。

個とは誰を指すのか？　これもしっかりと規定しておくべきです。

ここでの個とは、組織に所属し、組織目標達成に向けて組織の一員として成果を出すことを求められている人（個）であり、Individual Performance であると規定しています。

一つひとつの言葉の意味や内容を自分で納得仕切るまでもみにもんでおくことが大事です。そうすれば愛着もわくし、自信もって説得も説明もできますから。

ビジョンとはその組織のめざす姿ですから、その実現に向けて、それに共感する人（社員や仲間や支援者）を集め、様々な「もの」や「こと」を提供し、お客様のお困り事を解決して、お客様から高い評価を受ければ受けるほど「利益」が上がるのです。

まず大事なのは、社員の方々が、貴方（会社）のビジョンに賛同しているか？　心からそうだ！

と同意共鳴し、それを一緒に達成しようと思っているかです。

達成することに喜びと生きがいを感じていなければ、それはただ給料のためにお金のためにのみ、所属しているだけなのではないのでしょうか。そのような状況では、組織としての力が出てきません。

まずはおひざ元をしっかり固めましょう！　つまり一緒にやる社員の方々や連携する仲間にもビジョンの理解と共有がしっかりできていないとダメなのです。

一人ひとりの思いが組織のビジョンと一致したときに、従来の組織パワーの数倍の力を発揮することは想像に難くないと思います。

指示待ち命令待ちタイプの個の集団と、ビジョン達成に向けて、目的目標が一致していて、自ら考え自ら行動する人の集団との、パフォーマンスの差は明白と思います。

次に大事なのは、お客様が賛同してくれるようなビジョンなのかです。

更に言えば、お客様が「そのビジョン良いね！　その実現に向けて応援するよ」と言ってくれるかどうかです。「お宅のビジョンに賛同したから取引するよ！」「お宅から買ってあげるよ！」「君を指名するよ！」と言われるぐらいを目指して欲しいのです。

いや目指していくその真摯なスタンスこそが思いの表れであり、実現する原動力となるのだと確信しています。成功している会社をベンチマークして参考にしてください。

成功企業の例

成功している企業はここがしっかりしているのです。

ビジョンがある会社とない会社ではＴＫＣ（会計事務所への情報サービス提供会社）の情報では経常利益率が倍違うと言われるている所以です。

支援・応援とは購入してくれることとか、資金を出してくれること以外にも、様々な形があることを押えておいてください。

支援・応援は、注文くれることや買ってくれること、資本を出してくること等々と決めつけていては、誰も振り向いてもくれません。物心両面です、更にすぐ効果が出ることと、しばらく時間がかかるという、時間軸も考慮に入れておくことです。

支援イコール物、金、いくらではなく、人脈や紹介、相談相手や精神的な支え、また自分が不足しているその領域の知識や知見等々の支援応援のほうが大きいと思います。

売り買いは一時ですが、人との関係は未来永劫に繋がるのですから。

また、最近の購買動向の１つとして、その会社のビジョンに賛同するから、という消費者意識の変化も言われています。イメージも含めて、なんとなくよいよね、あの会社、あの会社だから大丈夫だよ！　良いんじゃない、と言われている会社をベンチマークして見てください。

自画自賛でなく、他者絶賛を目指しましょう！

ビジョンは明解にわかりやすく数行で簡潔に記述しましょう。

そこで、簡潔明解明瞭に現すものとして、貫く概念としてコンセプトを設定することは効果があると思います。

私のコンセプトは、「感謝、感激、感動の世界を創りたい！」です。

そのために人材開発や教育研修の領域で、価値を提供していくために事業を興したのです。

5　お客様も儲かる事業戦略をつくる

事業戦略づくり

ビジョンができたら、いよいよその実現に向けた戦略づくりです。

ここでの注意点は、だんだん自分（自社）が儲かるか？　儲からないか？　当たるか？　当たらないか？　と自分中心の考えとなって来て、自己中心の都合のよい事業戦略になっていないかを確りチェックすることです。

事業戦略をつくる当初は、お客様の喜ぶ顔が見えるか、市場のニーズに合致しているか等、顧客目線を忘れずに取り組みますが、佳境に入ってくると、急に、いくらが頭の中で先行してしまいます。

今やお客様が「儲からない」と、物すらも売れない時代と言われてます。

お客様が儲かるということをマーケティングの変化をヒントにして考えてみましょう。

かつては、物を売ることが主眼であり、したがって物中心・製品中心で大量生産マス広告の時代でした。それからお客様満足、消費者志向へ変化し、今は、新しい価値を創造し、顧客を創造することであると言われています。

それに伴い、提供価値も、機能的価値から機能プラス感情的価値へと移行し、昨今は更に精神的価値が付加されてないと受け入れられないと言われています。

つまり物を売り、満足度を上げるだけではなく、感動をつくりだす企業や個人が、求められているのです。

お客様も「儲かる」「喜ぶ」「感動する」仕組みがないと、物もサービスもハードもソフトもコンテンツも溢れている今の世の中でのサバイバルは難しくなって来ているのです。

客観的に戦略全体を俯瞰できる手法やツールは、唯一バランスド・スコア・カード（BSC）です。

BSCは、4つの視点で、戦略全体を見つつ、価値提供の連鎖を見ることができます。

しかも現在・過去・未来の時系列が1枚に表現されており、お客様に価値が届くにはどのような仕組みやプロセスになっているのかが可視化できる優れものです。

従来の数字だけを現場に下して、結果はしっかりチェックするが、プロセスはあまり見ないというのでは、これからの経営としては如何なものかと思います。

ぜひこの際に、ＢＳＣを学んでください。

顧客開拓のカギ

私の顧客開拓の Key は、経営者の見極めからスタートします（勿論、先方も私を見極めているのですが）。

経営のスタンスが、「人」を大事にしているかどうか？　口先だけの「人を大切に」なのか？本当に人を人「財」として見ているかどうか？　材料の人、つまり人「材」としてしか見てない経営者の方とは縁ができなくてもやむを得ないと考えています。

人を宝（財）としてとらえている経営者は、教育や研修の費用をコストと捉えていません。投資として捉えているのです。その考え方でないと本物とは言えません。

見積り金額には関心があるが、研修や教育の中身には全く関心がない。そのような経営者とはお付き合いしても結果として無駄なのです。

コストとして考えている経営者は、すぐ効果を期待してきます。

ひどいときには「明日から飛躍的に業績が上がるように研修してほしい」と言ってきます。

営業力強化コースを受講しているお客様は、当たり前ですが、営業実績が上がることを期待しています。

しかし教育は遅効性と言われているように、教育したら翌日に効果が出ると言うほど簡単ではないのです。

研修の内容も講師の質も重要なKeyですが、受講生の取り組む姿勢や、組織の成熟度、マネジャーのレベルやマネジメントの仕組み、そして学習する組織風土があるのか等々の絡みも重要なKeyなのです。

研修を受けて、知識は増えたり強化されます。しかしそれを使わないと何もならないのです。

つまり現場に戻ったときに、使ってるよ！　教えているよ！　一緒にやってるよ！　と行動に繋がらないと効果は出ません。

このように知識変容から行動変容に移行することがなかなか現場ではできてないのです。

ここを乗り切らないと何も変わりません。

行動につながると必ず何かしらの変化が出て来ます。それが成果に繋がってやっと教育効果が出てきたと言えるのです。これが遅効性と言われる所以なのです。

そのプロセスの中で、現場のマネジメントの問題や、組織風土の問題等々の改善なくしては何も前に進まないのが現実です。つまり営業力強化を通して組織改革も同時に行うのです。

マネジメントの改革もしてしまうのです。

〔図表２　ある営業本部の事例〕

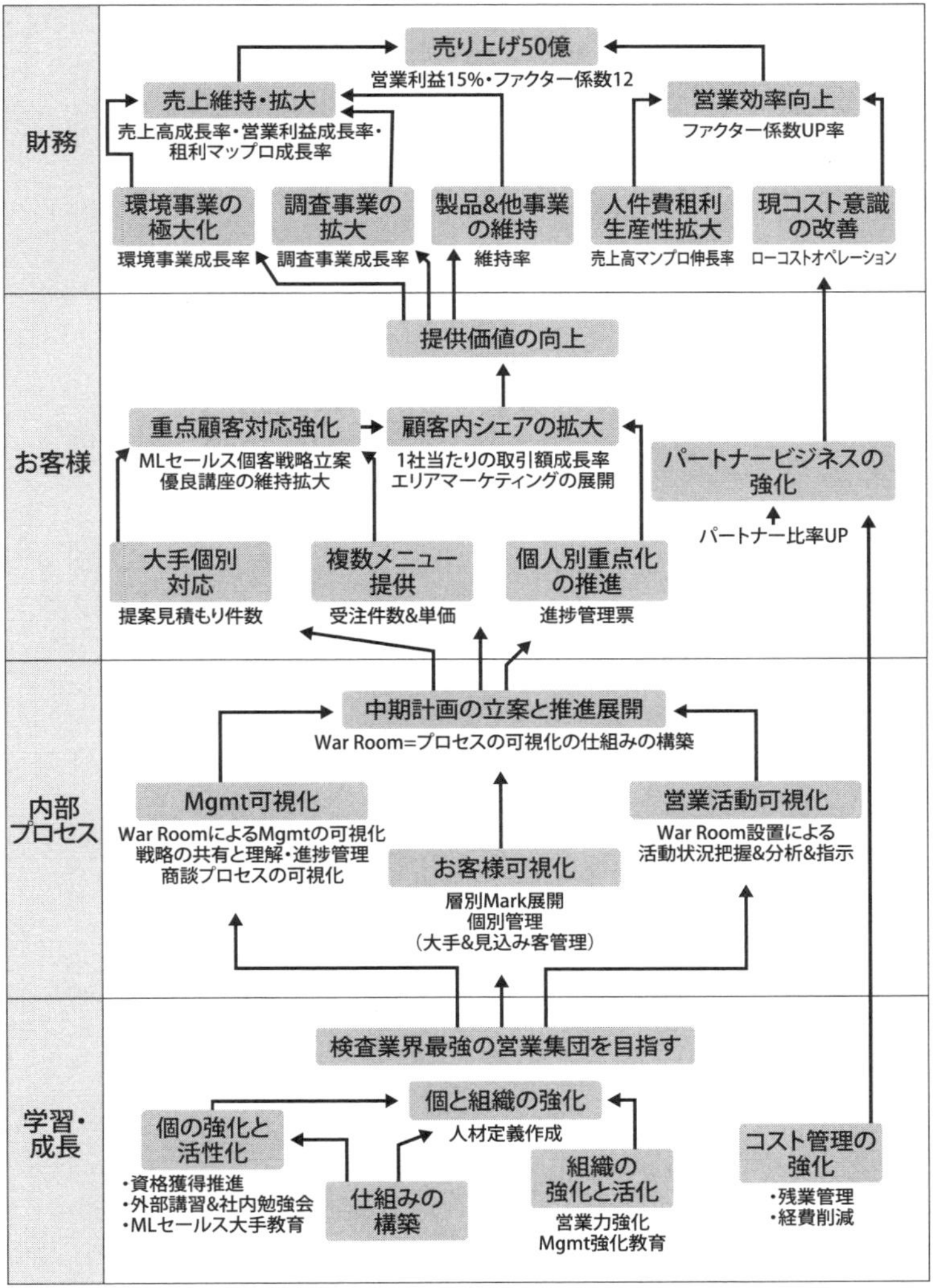

教育効果を追及しようと思えば、ここに手を入れていかないと成果に繋がらないのです。

ここまで来て、やっと、お客様の喜ぶ顔が見えて、お客様へのリターンが増えて、更に新しい価値が創造できてくるのです。

このレベルになると、売上が下がっているわけなどありえません。

BSCの4つの視点

BSCの、4つの視点は、財務・顧客・プロセス・学習と成長です。事例参照ください。

6　楽しい営業戦略をつくる

営業戦略づくり

次は営業戦略をつくる段階です。

提供する価値は何か、それをお届する先は何処か、対象は誰か、そのお客様の顔が見えるか、そしてどのぐらいの需要があるのか。ここをしっかり把握しましょう。

このマーケティング活動を支えるスキルを身に付ければ一生使えます。

２章の３で作成した、環境認識が極めて重要です。

その認識に基づき、その事業を成功させるためには、どこで（ドメイン）どのように戦うのかを決めて行くのです。

更に、２章の２で確認した自分自身の強みが活かされているかがＫＦＳ（KEY FACTOR OF SUCCESS）です。

自分の会社のポジショニングをしっかり確認しつつ、勝てる市場へ乗り込みましょう。

そしてそのときは、限られた資源とパワーを分散させることなく集中して投下しましょう。

そこに全力で当たる計画をつくることが大事です。

営業戦略の作成ツール（５Ｐとロジックツリー）を使って作成しよう。

私のような一人企業の場合は、行動計画は別紙のような簡潔なフォームを使って作成していますので参考にしてください。ここまで来ると、いよいよ楽しくなってきます。

心から楽しいと思っているか

戦略は楽しくなければ成功しないのです。自分自身が戦略やそれに基づき計画等を立てて行く過程で、ワクワクしないと失敗するのです。

ワクワクするか？　イキイキしているか？　よしやるぞ！　との意気が上がって来てますか？

〔図表3　マーケティングの5Pで作成〕
（5つの下記の項目の頭文字で5Pと呼ばれている）

プロダクト	営業力強化・経営幹部育成コース
プレイス	自らの直販、紹介者経由販売
プロモーション	メール、DM、
プライス	1コース20名で＊＊万円
ピープル	講師は自分、紹介者は支援知人

〔図表4　行動計画は5W1Hでつくる〕

戦略目的（何を）	(What)	いくらでどのぐらい	(How much)
誰が	(Who)	社内外 連携	(KFS)
どのように	(How)	リスク	
いつから	(When)	効果測定	(Review)
何処で	(Where)	なぜ	(Why)

テンションは高いですか？　それ・・楽しそうだね。私も参加させて！　僕にもやらせて！　等々の声が上がって来なかったら再考したほうがいいです。

楽しい営業戦略のKeyは、自分が心から楽しいと思っているかです。

そして相手も楽しんでいるかです。

詳細に計画を立案していくと、様々なことが連鎖し触発し思いもかけないことに発展したりします。これがまた楽しさを倍増していくのです。存分に広げて拡げてください。

スタートが楽しければ、楽しさがスパイラルします。そうなればもうワクワク！　ドキドキ！　の連続です。ではどうしたら楽しくなるのか。

まずは、決めたこと、立てた計画や作戦を、間断なく連発して打ち続けること。途中で勢いを落とさないこと。二の矢、三の矢を打ち続けることで、様々な相乗効果が出てくる。たとえば、紹介が紹介を次から次へとよび起こしてみたりして来るのです。

絶対にネガティブな考えは駄目です。常にポジティブに、倒れても前へ！　の姿勢で取り組んでください。この時期にネガティブなことを常に言う友人とは会わないようにしましょう。そのような友人が必要なときはまた別の状況のときに来ますから。

計画は実行しながら練り直せ

計画を立てるのはとても楽しく、快感をともなう。長期の旅行の計画を立てたり、自分の気に入るような家を想像したり、成功する仕事の計画を綿密に立てたり、人生の計画を立てたり、どれもこれもわくわくするし、夢や希望に満ちた作業だ。

しかし楽しい計画づくりだけで人生は終始するわけではない。

生きていく以上は、その計画を実行しなければならないのだ。そうでなければ、誰かの計画を実行するための手伝いをさせられることになる。そして、計画が実行される段になると、様々な障碍、つまずき、ふんまん、幻滅などが表れてくる。それらを一つずつ克服していくことか、途中であきらめるしかない。では、どうすればいいのか。実行しながら、計画を練り直していけばいいのだ。

こうすれば、楽しみながら計画を実現していける。


（超訳ニーチェの言葉より引用）

戦略とはなんでしょうか？　どのように理解していますか？

様々な学者の方や多くの著書、そして研修などで、沢山の戦略が語られていますが、自分自身で腑に落ちるように理解をしてくことが必要だと思います。

私自身は、戦略とはビジョン達成に向けてどのような道を歩むのかを決めることと理解しています。つまり、目的達成に向けてどの道を取るのか？　その道筋を明解に策定することが成功の Key だと考えています。次のビジョン策定のチェックポイントを参考にしてください。

①夢があるか？
②ロマンは感じるか？
③独自性があるか？
④対象市場やお客様は明確になっているか？
⑤お客様の喜ぶ顔が見えるか？
⑥提供することは価値があるか？
⑦市場やお客様ニーズを満たすか？
⑧時代や環境認識がされているか？
⑨実現性が高いか？
⑩情熱が感じられるか？

第3章

これが成功のポイントだ【できるマインドセットのKey】

1　思いは具体的に絵で描こう

メラビアンの法則

「思えば叶う」という言葉がありますが、相手にしっかりとその「思い」が伝わらなければとても叶わないのです。

あれだけ説明したのに！　何度も繰り返しプレゼンしたのに！　でも伝わってないという経験は誰もが持っていると思います。

それはなぜなのでしょうか。

メラビアンの法則によると、（アメリカの心理学者アルバート・メラビアンが1971年に提唱、「3Vの法則」「7－38－55ルール」とも呼ばれる法則）言語による情報は、なんと7％しか伝わっていないと言われています。

一番伝わるのは「見た目・表情・しぐさ・視線等」の視覚情報が55％、「声の質・話す速さ・声の大きさ・口調等」の聴覚情報が38％、「言葉そのものの意味・話の内容等」の言語情報が7％と言われています。

つまりコミュニケーションの93%を、言葉以外の要素が占めているということなのです。

では、どのようにしたらいいのでしょうか。

解決策の一つは、それを「絵」で書くことだと思います。

「絵」で描けば、もっと伝わること間違いないのです。「え？」と思わずやってみることです。やりもしないで「絵」なの？　という人は、成長しないし成功もしない人です。

今まで考えもしなかったことや自分自身の経験の中にないものを拒絶する人は、何もしない人なのですから、何も変わりません。

ここでは、ビジョンをつくるときに、「絵」で描く方法を例に紹介しましょう。

まず初めに、①インタビューをする（自分一人のときは自分自身にインタビューをする）。いきなり「では各自のビジョンを発表してください」では何も出てこないのです。

「絵」が描けるような題材を頭に沢山想像し浮かばせないと良いものは出てきません。

インタビューの項目は、・目指している規模（売上・利益）・成長率・事業・ブランドイメージ・製品力・技術力・サービス力・品質・スピード（納期）・価格・生産性・デザイン・シェア・ポジショニング・職場環境・人材育成（自己成長）・教育体系・社風・伝統・歴史・やりがい等々です。

それらをイメージして、「絵」で表現してみましょう。

②それを言葉にして、全てポストイットに書き出し、③分野ごとのまとめてみるのです。④複数人

のときは、ホワイトボードに貼り出し、似たような分野や領域にグループ化してみてください。⑤沢山出たらそれを、7個前後に絞るのです。

一人のときは、友人や支援応援者を呼んで、見てもらいながら意見を取り入れていくとよいです。

違う角度や物の見方等々「異なる」ことを歓迎するスタンスで行くのがベストです。

ここで自分の思いや意見以外を排除してしまうと、我田引水となってしまうからご注意ください。

異なることを飲み込む姿勢が大事です。

⑥絞った7個前後の案を、再び「絵」で描くのです。画用紙と12色以上のクレパスを準備してください。12色は揃えてください。2〜3色と、少ないと発想が広がりません。

色を使う目的は脳の活性化です。また画用紙もA3程度の大きめがいいのです。

あまり小さいと描く思いも小さくなってしまいます。

またタテでなくヨコで書くほうがいいです。それは拡がりが出てくるからです。

罫線や罫線や碁盤の目のような線（目盛り）が印刷されているのは避けてください。

線や罫線等に意識が左右上下共に規定されるからです。

ワクの中で描くと狭い世界になってしまいます。

また知っている方は、マインドマップで描くと拡がりが連鎖し更にアイデアも沢山出て来てワクワク感が満ちてくること間違いないと思います。

ここでは本当に自らを解き放ち、自由に、思いのまま、目先の計算を忘れて描くことが成功の Key です！

目先の計算から出てくる思いを描くのではなく、心の底からこんな会社をつくりたい、こんな事業でお客様のお困り事を解決したい、社会にお客に立ちたい、数年後はこんなふうになっていたいという思いを素直に表現し描けばいいのです。

束縛を解放し、自由に描くのです。

絵が描けたら、それを今度は文章に表してください。すると先ほどのポストイットで描いた言葉と一致してるのがあるのか、相当乖離しているのか、やや似ているのか、チェックをして、自分の思いを、簡潔にわかりやすく思いが伝わるように数行で表現するのです。

この策定のプロセスがすごく大事ですから、時間もしっかりかけましょう。

またこのプロセスの各フェィズを踏むことで、脳が活性化しますから、ますますいい循環に入ると思います。

そして簡潔な言葉とそれを表現する「絵」でコミュニケーションをすれば相手に伝わること間違いなしです。93％伝わるのですから！

トライしてみてください。

アルバート・メラビアンの法則では、言語情報は７％しか影響を与えないと言われています。

2　思いを伝える工夫

コミュニケーションがカギ

思いを伝えるには、コミュニケーションが Key です。

コミュニケーションとは「意思の伝達」です。つまり人が社会生活を営む中でお互いに意思、感情、思考を伝達しあうことであり、言語や文字、その他の視覚・聴覚に訴える方法を用いることですから、効果的なコミュニケーションを心がけましょう。

またコミュニケーションは論理と感情のバランスが大切だと言われています。

どのようなバランスのときが良い状態なのか、それは言いたいことと目的と気持ちが伝わっている状態です。

言いたいことの意味や目的は伝わっているが、相手からの共感性がない場合や、意味や目的よりも感情が優先する場合は、バランスが良くない状態です。

どちらも大きく欠けているときは全く話にならない状態、つまりコミュニケーション不全の状態なのです。

一番良い状態は、信頼関係が確立している状態であることは明らかです。バランスが崩れていると、情報の交流はできているが、わずかな意味の取り違いでもトラブルの原因になりやすいし、不安定な関係となり、理解し納得してくれる状態にはなりません。

つまり、お互いにリラックスしてコミュニケーションするための良い感情の関係をつくらねばいけないのです。つまり相手が受け入れやすい状態をつくることが大事なのです。

では、どのようにしたら、そのような関係をつくることができるのでしょうか。

質問する

そのヒントは、質問することです。人は一方的に意見を言われて、それがどんなに立派で論理的であっても、なかなか納得しないものなのです。

昔から聞き上手は話上手といいます。自分の思いや目的を語ったら、必ず「今のことどう思う?」「何かアドバイスはないかな?」「君ならどうする?」と聴くことです。

つまり質問するチカラが、貴方の思いを伝える最も有効な手段なのです。

とても大事なひと工夫なのです。

質問するということは聞いて理解しようとして納得する前に何らかの事柄について、確認してみたり、疑問なことを明確にしておきたいと思うから、質問をするのです。質問として自分が言葉にして聞いてみたり、話たりすると、頭の中で、自ら考え思考するようになるので、共通の土俵に乗った状態と言うことになります。

積極的傾聴

更に、ここで大事なスタンスが「積極的傾聴」です。一生懸命聞く姿勢が、相手に対して信用や信頼へと繋がります。その気持や感情を相手に示すことは、好意や信頼感を醸成するのです。聞いてくれ！　どうだ！　ではなくご意見を頂戴する、教えていただくというスタンスが思いを伝えるのです。そしてそれが「仲間」をつくっていくことに繋がるのです。

ここでのKeyは、心から素直に聞く、最初から批判的にならない、既定概念を持たない、決めつけない、相手の意味することを理解しようと努力する、部分を聞いてわかった素振りをしない、全体を聞くようにすることです。

傾聴の「聴」は、耳偏と心が付いています。普通の「聞く」は耳にかどをを立てていると書きます。この差をしっかりと認識して、「聴く」姿勢を持ちましょう。

伝える内容をストリー化する

もう一つのKeyは、伝える内容をストリー化することです。

何故この事業をやりたいのか。ここに至る思いをストリー化して語るのです。そうすればより訴求効果は格段に上がります。

勿論、内容が貧弱であればそれなりにしか伝わりません。

また伝える技術が弱いと、今度はピントがズレたり、内容がボケたりと「歪む」こととなります。

効果的コミュニケーションは、内容をよく理解し、訴えるポイントとタイミングを熟考し、そしてそれを表現する資料をつくり、的確に伝えることです。

さらに、伝える内容に関する情熱を持っていることです。

このポイントは最低持ち合わせていないといけません。

では、わかりやすく、納得しやすいストーリーに展開するパターンを考えてみましょう。

ビジネスの世界では、最初に結論を言うのがいいでしょう。

何故その決論に達したのかの説明として、現状分析から問題提起、その要因分析、解決策提案で結論に戻る流れが一般的です。

次はわかりやすさのチェックポイントです。筋道が通っているか、目的にあっているか、論旨が一貫しているか、客観的であるか、効果は見えるか、主張が明瞭か、です。

自分自身で何度も練習し、チェックし、支援者や仲間相手にまずは練習してください。

また言葉だけではほとんど伝わらないのですから、グラフや統計数字は勿論のこと、絵や図、写

〔図表5　効果的に伝える8つの注意点〕

1．姿勢	5．機器の操作
2．視線	6．話し方と発声
3．ボディランゲージ	7．質問への対応
4．ポイント動作	8．聞き手に合わせた対応

真や記事も入れることを忘れないようにしてください。

効果的に伝える実践スキルをＰＭＰ（Project Management Professional）では、８つの注意点としてまとめています（図表５）。

手振り身振りを使う

更に、手振り身振りのボディランゲージを効果的に使うこと。

そして一番大事な貴方自身の「思い」や「熱意」を根底において勇気と自信を持ってやることです。

また質問を歓迎してください。質問は大事なヒントが満載なのですから逃げる必要はありません。

しっかり質問の時間を取ってください。

質問が来たぞ！　有り難いと感謝するぐらいのスタンスでいてください。

わからなければ、答えられなければ、素直に「後日調べてお答えいたします」でよいのです。変にごまかすほうがよくありません。その場で抑え込もうとか、まして嘘やごまかしで逃げようとすることは絶対止めましょう。信頼を失います。

この場を上手く何とかしようではなく、この場を懸命に正直に共有することです。

何でも否定をするのではなく、活用しようというスタンスが成功の Key なのです。

３　人脈を活用するポイント

人脈活用のポイント

何をするにも大切なことの1つに挙げられるのは「人脈」です。

勿論、起業するときにも大きな影響を及ぼします。

「人脈」があるかないか？　更に異業種や異なる職業や分野にも拡がっていれば最高です。

在職中の人脈はもちろんのこと、旧友知人仲間等々の人脈をフルに使って営業活動を仕掛け、新規開拓をするのが常道です。

しかし従来の人脈をたどり、メールやＤＭ等々の手段を駆使し、セールスをかけるだけではいささか心もとないと感じませんか？

私が実行した人脈を駆使しての新規開拓はちょっと違います。

そのポイントを紹介します。

①従来の人脈に頼るな！

一般的に多く活用されているのが、元の会社がらみでしょう。現役時の取引先や仕入やお客様等、さらに上司・部下・同僚へのアプローチが浮かんでくると思います。しかし小生は一切その作戦は取りませんでした。

その理由は、会社を辞めたやつは雇うな、特に早期退職者は一切雇うな、さらに委託もダメとの人事からの通達が出ている状況下ですから無駄なことはしない。

つまり可能性のないところへはパワーは割かないということです。

さらにこれは個人的な思いですが、辞めた組織に頭を下げて、再びぶら下がるようなことをする必要はないと思います。

従来所属していた「世界」からの脱却をしましょう。世界は広くて無限の可能性があります。世界が変われば人脈も何もかもが拡がるのです。

②紹介を貰うのが一番！

紹介を貰う営業が一番だとHOWTO本によく書かれていますが、そのとおりです。紹介を貰えるのが最高です。ここでの注意点は一つです。それはその紹介者を厳選してください。何故なら何も効果が出てこないどころか手間ばかりかかり時間を取られ、コストもかけて、だけど成果に結び着かない紹介も沢山あるからです。

私の紹介者の定義は、本当に小生にことを知ってくれているか、わかってくれているか、その上で私の提供しようと思っていることの理解者であり、共感者であり、支援者なのかです。

そのような紹介者こそが名実ともにパートナーであり仲間なのです。

ですから沢山いなくていいのです。少数精鋭でいいのです。厳選しましょう。

ここでの数の多さは意味がありません。

③教え子もパートナーである。

小職の場合、教育スタッフを10年以上経験したことが幸いしました。

主催していた「経営塾」の教え子の方々が、地元に戻り、会社に戻り、経営に取り組んでいます。

多くの教え子が、頑張っています。様々な悩みを抱え、社員や家族は勿論のこと、競争関係の中で生き残りをかけた戦いをしています。常に新しい価値とお客様の笑顔を追求し、その活動を通して、事業の成長を勝ち取り、社会への貢献や地域活動などいろいろな活動をしております。

そのような中で、いつでも本音本気で語れる仲間をつくり、刺激し合える「場」をつくろうと現地で頑張っています。

彼らが中心になって、それぞれの地域で様々な「場」が創造されています。

この「場」も新規開拓の大きな人脈となっています。

業種や業界は違っても、この様な「場」は必ずあります。沢山あります。

④紹介の連鎖を巻き起こせ！

紹介者により商談が決まり、関係が構築できたら、そこがまた紹介の機能となるようにし、連鎖を興すように仕掛けることです。

そのような関係性が構築できたら、いつでもどこでも支援の輪は広がります。

つまりお客様が支援者になり、その支援者がお客様を連れて来てくれるのです。

営業の世界でも、このループができるとトップ営業の道が開けます。

仲間が何人いるか

多くのトップ営業はこの構築ができる人なのです。

このような仕組みがうまく動くには「すべてはお客様の感動のために」という気持ちを根底にしっかり持っていないと成功しません。これをやったら儲かるか、損か得か、が先に出てくると誰も支援者になってくれません。

そのような「小手先」が先に出てくると、応援しようと思わなくなります。

彼はいい奴なんですよ！　長い付き合いだし、良いことやってますよ！　営業も知ってるし教育もできるしマネジャー経験も豊富だし！　現場も長いし、仕事以外のいろいろな悩みにも聞いてくれるよ！　一度試してみたら等々の支援の輪が、何気なく自然に生まれてきて、支援者が勝手に動いてくれて営業してくれる、このような支援者が何人いるかですべては決まります。そういう「仲間」が何人いるか、それが成功のKeyです。

4　支援者をつくるポイント

あげるスタンスに立つ

最大のポイントは、いくらしてくれるのか、どのぐらいやってくれるのかではなく、いくらしてあげられるのか、どのぐらいやってあげられるのかです。

貰うのではなく「あげる」スタンスに立たないと誰も動いてはくれません。

更に大切なことは、共感を生んでいるかです。

貴方のやろうとしていることや事業の目的や狙いに「共感」してくれるかです。

これがなければ、損か得かの勘定的な計算だけとなり、駆け引きばかりの、顔で半分笑って、半分怒ったみたいな表と裏の使い分けを常に考えている集団しかできません。

事業の目的や狙いの根本にある「思い」や「ビジョン」に共鳴し、共感してくれる人が支援者になってくれるのです。

資金を提供したから、回収するために応援するよ、では長くは続きません。

そのような関係は、回収することが目的で、利回りが評価基準ですから、元々目的が違うのです。

望むべき支援者の姿は、支援することで自分自身の満足を感じている人です。

モノとかお金とかで見返りを期待している人ではないのです。

見返りを期待する人には、見返りを返すことで関係は終了しますから、それはそれで必要なときもあります。割り切って付き合うこともときには必要でしょう。

しかしここで言う支援者は、モノでの見返りは期待してない人です。

自分自らが支援したくなる、支援してあげたくてしょうがないという気持ちになり、支援された人が成功することが自分自身の喜びなのです。そのぐらいの関係にならないと永くは続きません。

何らかの事情で、自分で取り組むことができない、または健康面や時間的制約やしがらみやがあるので、自分が前に出られないけど、という方も沢山いるのです。

ではどの様にしてその様な人と出会えるのか考えてみましょう。

支援者の特徴

まずは支援者の特徴を層別に考えてみましょう。

まずは潜在支援者です。潜在ですから、こちらのことを一切知らないのですから、知ってもらう

〔図表6　支援者〕

層別	関係性	状況	対応策
潜在支援者	未知	全然知らない	異業種交流会参加
顕在：見込み支援者	既知	知っているが興味なし	詳細説明する
顕在：ファン支援者	既知	応援の意志はある	人脈紹介貰う
顕在：仲間支援者	既知	成り代わって行動してくれる	価値を一緒につくる

努力をし、興味を抱いて貰うことが先決です。

顕在支援者は、こちらのことを知っています。しかし興味が無く反応もない、ただの知人レベルの人です。

見込み支援者は、こちらのことは知っているが共感や賛同までには至ってない人です。

見込み支援者は、興味もあり質問もして来ますが、積極的に動き出そうとはしなのです。

次が、ファン支援者です。応援するよとの意思表示もあり、思いの共感もあります。周囲の知人友人も紹介してくれます。

仲間としての支援者は、自分のことのように一緒になって考えてくれるし、自ら行動し、こちらになり代わって熱く語り広めてくれます。

この層別ごとの支援者の特徴を考慮して、支援者づくりの計画をつくることが大切です。

最終的には、仲間としての支援者が、強力な支援者ですから、日頃から意思を持ってつくるように心がけることです。

都合のいいときだけ、自分の利害が絡むときだけ、寄ってくるような「エセ」支援者を見極めることも大切です。

また、自分自身の戒めとして、あいだみつおさんの言葉「あんなにしてやったのに『のに』がつくと、ぐちがでる」を心に留めときたいといつも思っています。

5　ＨＰは絶対に必要なのか検証しよう

ＨＰをつくらない理由

多くの方々から、「ＨＰはないの?」「何故つくらないの?」との質問を受けます。
何故つくらないのか。それは、次の理由からです。
①お客様や対象を限定しているから広くあまねく広報宣伝する必要性が低い。
②ＨＰをつくるということは、問合せや質問に答えねばならなくなり、対応時間や手間を考えると、効果に疑問を持っている。
③今やＨＰが当たり前であるが、どのＨＰも素晴らしくきれいで見栄えが良い。
しかし実際はレンタル事務所であったり、秘書的な業務代行屋さんの住所を借りてのヤドカリであったりと、ＨＰのカッコよさと中身がマッチングしてないことが多いと思う。

いかにも「良さそうな」「安心できる」「良い会社」を演出しようと過剰に動いている気がしてならない。

④私の場合は、メールを駆使すればほとんどコミュニケーションが取れます。

さらに私をネット上でサーチすればそれなりの情報は出てきますし、集められます。

「良さそうな」「安心できる」という目的は達成されますので、わざわざＨＰを開設しなくてよいと思うのです。

限定特定市場狙いならなくても困らない

事業の特性から、対象が広く遍くならばＨＰは必要不可欠でしょう。

私のような限定特定市場狙いならなくても困りません。

あっても悪くはないですし、つくってもよいのですが、体裁を考えてというレベルならつくらないほうがいいと思います。

現在の私にとっての、最大のマーケティングは口コミです。

仲間支援者のネットワークをフル活用すればいいと考えています。

また効果効率の面からも困ったことはありません。

皆様方のビジネスモデルにより最適な媒体を選択してください。

宣伝もよいですが、仲間支援者の「喧伝」が最高のマーケティングではないでしょうか。

自己紹介しても、誰も振り向いてくれませんが、他の方々が宣伝してくれると、相手は耳を傾けてくれますし、効果も目を見張るものとなるでしょう。

そんな人にならないと、仲間支援者は増えないと思います。

自分の弱さと欠点を知っておく

成功している人は、すべてにおいて強さがあり、運に恵まれ、考えや行動がすこぶる効率的で、何事においても人並みはずれて要領がよいように見える。ところが彼らにもまた、普通の人と同じように欠点や弱さがあるものだ。

ただし彼らは、欠点や弱さが誰からも見えないように奥底に隠しているわけでもない。

むしろ、それらをあたかも強さのバリエーションであるかのようにカムフラージュして見せているのだ。

これができるのは、彼らが自分の弱さと欠点がどういうものであるかを熟知しているからだ。たいがいの人は、自分の弱点について見て見ぬ振りをする。

しかし彼らは、それをよく見つめて理解している。そこが普通の人とは異なっているのだ。


（超訳ニーチェの言葉より引用）

第 4 章

会社をつくるステップ【できる事務手続の Key】

1　さあ会社を立ち上げよう

会社立ち上げの手順

会社設立の手順について、実際にやってみると簡単でまた楽しい！ワクワク感に溢れます。またそうでないとよいスタートは切れないでしょう。この楽しさとワクワク感が出て来なければ、一度立ち止まって考えましょう。

何故なら、自分が楽しくなければ、相手も楽しくないのだから、そのような気持ちでスタートしても上手くいくはずがありません。

設立の手続は簡単です。

会社立ち上げの手順は、次のとおりです。

①会社定款作成

会社の名前は、事業の目的は、範囲は、本社所在地、会計期間や決算月、資本金（資本金1000万以下は消費税免除となる場合もあり）、株主資本金（自分以外の出資者がいる場合は、

3分の2を占めるようにしておくほうがいい。重要事項の議決権を持っているべきです）、出資額を決め、役員選出です。

定款の例は、司法書士や税理士さんに相談するか、ネットでも見本例をたくさん見ることができるので自分でもつくれます。

類似商号や屋号については法務局でチェックしてくれるから安心してください。

さらに同じ商号でも本社所在地の住所が違えばＯＫです。

もちろんロゴやデザインは真似てはいけません。

申請代行は、司法書士や税理士さんへお願いするとすぐやってくれます。

もちろん代行申請もしてくれます。あとは確認のために、1週間後に会社謄本を取って確認すればいいのです。

②印鑑作成

社名が決まったら印鑑作成しましょう。

神田や新橋で印鑑作成屋さんが沢山あります。

私の場合は、支援者の絡みで大手文具メーカーさんにお願いしました。

ちょっぴり高くても良いものをつくったほうがいいと思います。

印影が不鮮明であったり、すぐ欠けたりしたら、たまりませんから。

ここは少し高くても「いいもの」にしたほうがいいと思います。

長く使うものですし、良いものは高い。価値あるものはそれなりの価格なのです。

更に良いものを持つと、「気分がいい」「落ち着く」という効果もありますから。

これがいわゆる安もので欠けていたりしたら、印鑑押しても「気合いが」入らないし、「頑張ろう」と言う気持ちにならないのです。

いい感じの気持ちになれるということは、素晴らしいことですし、精神的にもたらす影響は計り知れないと思います。

私が20歳代のときに、先輩から「良いスーツを着ろ、高いワイシャツにしろ、良い時計を買え」とよく言われました。

その心は「良いものは高い、高いものは良いもの何だと言うことが身についてわかっていないと、高いものは売れないのだから」です。

時計など含めてTPOが必要ですが、確かに的を得ていると思いました。

会社印は実印と銀行印、さらに住所社名アドレス電話等々のゴム版も必要です。

それぞれが分割できるタイプがよいでしょう。

③資本金振り込み

銀行入金し、そのコピーが必要です。支払証明書に添付します。

その資本金は、その証明後には使っていいのです。現金で置いておかねばならないと思っている人がいますが、全然気にしなくていいのです。

それで事業に必要な設備や機材、通信のインフラを整えたり、備品購入したりして、即使っていいのです。

④登記申請

申請した日が会社設立日です。これは法務局へ出向かねばなりません。

登記のときは、法務局の出張所ではできないのです。

各地区の本局に行かねばなりません。ですが１回で終わります。

後日、登記簿謄本や履歴一覧等の書類が必要なときは出張所で入手できます。

またわからなければ聞けばいいのです。法務局の職員が親切に教えてくれます。

注意点は終了時間ぎりぎりに行かないこと。時間だけは厳守されるので、戸惑って時間の余裕がなくならないように行くことが大事です。

2　個人事業主か会社法人か、どっちが得なの？

やる事業や顧客によって違う

設立手続の費用や簡便さでは個人事業主のほうに軍配が上がるでしょう。

また廃業するときの手続も提出すればよく、経費もかかりません。

それなら個人事業主でと思う人が多いと思います。が、ここで少し考えてみましょう。

考える視点は、やろうとしている事業やお客様によって違ってきます。

お客様が株式会社組織でないと取引をしてくれないというところもあります。

また設立時に、法に基づいた手続や登記申請が必要だということは、それだけ信用度が高いということにも繋がります。

その事業や対象のお客様の安心や信頼に繋がるのなら、多少のコストがかかろうが、会社法人形態を選択すべきでないかと思います。

そうではなく個人のアイデアや技術が優先し、組織体などはどうでもいいということなら個人事業との選択となるでしょう。

〔図表7　個人事業主と会社法人の比較〕

	個人事業主	会社法人
設立手続	開業届け提出	定款作成と法務局へ登記
費用	0円	30万前後
廃業手続	廃業届をだす（0円）	解散届等（数万）
税金	経費の範囲が狭い	経費の範囲が広い
信用	低い	高い
会計	青色申告	税理士へ委託（30万前後）
健康保険	国民健康保険	社会保険
年金	国民年金	厚生年金
どちらが良いか？	1000万以下は個人か？	1000万以上なら会社か？

また多くの経営者の関心事である経費の幅などは、会社法人のほうが範囲が広いです。

どちらが得か損かではなく、やろうとしている事業にとってどちらの形態が最適なのかで判断しましょう。

個人事業主と会社法人の比較表を見て、よく考えましょう。

3　税理士は相性が一番

税理士とは

起業でもしない限り税理士さんとのお付き合いはほとんどないのがサラリーマンです。

税理士とは何だろう、何故必要なのか、またよく聞くＴＫＣって何、など調べてみましょう。

まずは日本税理士連合会のホームページを見てください。（http://www.nichizeiren.or.jp/）「税理士は、税の専門家として納税者が自らの所得を計算し、納税額を算出する申告納税制度の推進の役割を担います。正しい税金の知識を持ち、正しい納税の意識を身につけていただくために、税理士はその手助けを惜しみません」

「あなたを代理して、確定申告、青色申告の承認申請、税務調査の立会い、税務署の更正・決定に不服がある場合の申立などを行います」

「あなたに代わって、確定申告書、相続税申告書、青色申告承認申請書、その他税務署などに提出する書類を作成します」

「あなたが税金のことで困ったとき、わからないとき、知りたいとき、ご相談に応じます。「事前」のご相談が有効です」

「あなたのご依頼でe-Taxを利用して申告書を代理送信することができます。この場合には、あなた自身の電子証明書は不要です」

「税理士業務に付随して財務書類の作成、会計帳簿の記帳代行、その他財務に関する業務を行います」と至れり尽くせりです。

税理士会の組織も巨大です。総合企画室から国際部まで、更に総務から教育推進までと全国75000名の税理士を束ねています。さらに本部のもとに、各県市町村等に各税理士会が組織されています。税理士さんは、すべてここに登録されています。

ＴＫＣとは

ＴＫＣ全国会やＴＫＣとはなんでしょう。

ＴＫＣ全国会は、税理士１０００名が参加している会員組織です。かたや株式会社ＴＫＣがあります。ＴＫＣは栃木県宇都宮市で昭和41年に創業された会社組織で、会社名の由来が栃木計算センターの略です。

ＴＫＣ全国会は（http://www.tkc.jp/tkcnf/about/)、租税正義の実現を目指し関与先企業の永続的繁栄に奉仕するわが国最大級の職業会計人集団です。

中小企業の成長と発展に貢献するＴＫＣ全国会のミッションとして、①中小企業の黒字決算への支援、②決算書の信頼性向上を図る支援、③企業の存続基盤を盤石にしていく支援の３点を挙げています。

「会計で会社を強くする」がスローガンです。

税理士に払う顧問料

税理士さんに払う「顧問料」はいくらぐらいなのか、みなさんにとっては最大の関心事と思います。

ネット上でも沢山のＨＰが眼に入ります。

また顧問料も９０００円からＯＫとか、とても安いです。

普通の相場は月２万～３万、年間払い。小職のお世話になっている税理士さんは、年末調整から個人の確定申告や医療費申請までやってくれます。

これは特別に安いのではないかと思います。

通常は、決算月にプラスで数万円、個人の確定申告等は別途支払うのが普通ですから。

税理士さんの世界も競争が激化で大変な業界となっています。

試験は難しく合格率が15％前後なのに、独立後の収入は少なそう…なんて余計な心配をしている場合ではないですが、業界の事情とやらを垣間見ると…。

30件顧問先を持つとアップアップでフルフル稼働となるので、それ以上顧問先が増えたら人を雇わないと処理できなくなるのです。つまり人件費がかかるので、儲けは下がるという世界なのです。

大きな会社の顧問的な存在にならないと税理士さんも楽にならないようです。

人件費削減のため、奥様が事務員をやったり、試験に落ちて再トライする人を助手的に使っているというのが多いのではないでしょうか。

税理士を探すヒント

では、どのようにして良い税理士さんを探すのか、ヒントは紹介してもらうのです。

私の場合も、友人の紹介であり、こちらも安心、向こうも安心なのです。

信頼関係が構築できれば最高の相談相手となります。

探す前に、税理士さんへ期待することをしっかり決めておくことが Key です。

何を何処まで期待するのか、その領域と中身を決めておかないと後々「あれ？」「こちらの思いと違うな？」「何もしてくれない」などとなりますからご注意ください。

何をどのぐらい期待するのか、決めておきましょう。

単なる税務申告にまつわることなのか、経営相談や診断、はたまた新規事業等の戦略まで含めて相談相手となってもらいたいのか、更に事業継承や相続までお願いするのか、明確にして契約しましょう。

お任せし、一任しているから全部対応してくれるのでは？　というのでは、後々トラブルになります。しっかりと自分が何をお願いしたいのか、何処まで依頼するのか？　を明解にしましょう。

もう一つの注意点は、実務経験の少ない人は避けるべきです。

平成27年度の税理士試験の結果データを見てみると、４１０３１名受験して、６９０９名合格、合格率16・８％と相変わらずの狭き門ですが、年齢別合格者の割合が25歳以下が32・４％であり、また学歴別合格率の一番高いのがなんと大学在学中29・８％とともにその割合が一番なのです。

つまり、まだ学生ですから、ほとんど社会経験がない（少ない）方々が多いということです。

税の代理申告だけでなく様々な社会や環境の変化の中で、経営相談的なことや様々な事態に対する対応等々含めてのコミュニケーションも大きな選択ポイントと考えるなら、ぜひ会って話して相性が合うかどうかを見極めるのが成功の Key です。

節税

自分で参考文書を読んで一通りの知識は頭に入れておきましょう。

特に節税の進め見たいなノウハウ本が沢山出ていますが、そのまんま実行できるものでもないと思ってください。払うものは払う、というスタンスで節税できるものはするというスタンスで行きましょう。

弊社でやっている節税は、大同生命の生命保険（10年程度支払うとほぼ100％戻ってくる）、中小企業共済基金（毎月最大7万円まで、1万円単位で掛け金を拠出し、事業を辞めるときの自分の退職金制度となります）。

倒産防止共済（取引先の倒産時のリスク対策）をやっています。

すべてが利益から引けるので大きな節税となりますし将来の安心にも繋がります。

それぞれHPを見て、情報を入手し、最適で万全な体制をつくりましょう。

4　自分の城を持とう

会社所在地と活動拠点

登記が終わればいよいよ拠点開設です。

弊社は、登記上、会社所在地は自宅です。活動拠点として青山に事務所を借りています。

小さなワンルームマンションですが、自分の「城」です。

家賃がもったいないとかわざわざ時間をかけて通勤して電車代かけて無駄でないか！　とのご指摘もいただきますが、それももっともです。

しかし私の場合は、仕事と家の切り分けを明確にしたいと思ったことが借りた最大の理由です。

つまりOnとOffの切り替えを明確にしたいのです。

明解に切り替えができないとエンジンがかからないのです。

サラリーマン時代は、会社と家族、職場と家庭、会社の仲間と社外の仲間とかを明確分けることは難しいと思います。

独立起業したら、この切り替えスイッチを持とうと思ってました。

多くの知人友人の方々は、自宅を事務所にしている方が多いです。人それぞれですから、それはそれでよいと思います。

どちらの環境にあっても、最低限自分の「場」は確保しましょう。

私の場合は、書籍が沢山あり、自宅だけでは収納しきれず、また自由に自分のタイムマネジメントで動きたいとの思いが強かったので外に「場」を確保しました。

設備としては、机、本箱、ソファ（ベットになる）、プリンター、PC、光回線、FAX、電話、です。悩んだのは、固定電話は必要かでした。

03で始まる電話もないと会社じゃないという人はもはやいないのではないでしょうか。スマホで十分です。しかしFAXはあまり使わないですが、通信の手段として、相手様がFAX対応の場合も時々あるのでまだ必要かと思います。

相手のお客様の環境も様々ですし、すべてのお客様が同じレベルでIT化が進んでいるとは限りません。

事務所探し

事務所探しのため、不動産屋さん周りをしてみました。なんといまだに保証人が必要というところが多いのは驚きました。

しかも保証会社の保証でなく、身内や親戚になってもらった「保証人」が必要だと言うのです。

またある不動産屋さんから言われたことは、「会社辞めたらただの人、今のあなたにいくらの価値がありかというと何もないでしょ！　辞めた会社の話されても今は何も関係ない」「だから敷金もひと月多く払ってね」でした。

事務所借りるのは大変なんだと現実にぶち当ったことを思い出します。

また危うい組織や非合法の詐欺的行為の場所として使われるのを極端に注意を払っている様子でした。いくら説明してもなかなか信用してくれない現実もあるのです。

私の場合は、ここでまたもや支援者が居てくれました。

その友人の紹介で、その友人も事務所を構えており、そこの不動産屋さんを紹介してもらい難なく入居できました。

久しぶりに飛び込みで不動産屋さんへ行ってみるのも社会の評価や変化がわかり楽しいですよ！

だいたい敷金２カ月、礼金１カ月ですね。

レンタルオフィス・共同オフィス

レンタルオフィスなどは借り料のみで即借りられるところもたくさんあります。

また共同オフィスのように、各社の物入れ＆郵便受けのＢＯＸがあり、後はフリースペースで空いているブースを使うような形態の貸し事務所も沢山あります。

代行サービスになると、郵便受取保管転送から電話受け付け転送、会議室貸出、はたまた会社登記住所に使うのもＯＫという、ありとあらゆるサービス込みの提供をしているところも沢山あります。ニーズに合わせて何でも選択できます。

それぞれの需要に合わせたタイプを選べるのです。

昨今、保証人は、専門の保証会社でほとんどがＯＫですからご安心ください。

さあこれで一国一城の主となれます。

ますますワクワク！　ドキドキ！　です。

壁にモットーや思いを簡潔に表したスローガンなどを掲げれば、文字通りりっぱな城です。この城を、大きくするも小さくするも、すべては自分次第なのです。

だからやりがいがあるのです。

自分の家を建てる場所は

力強くありながら穏やかなところ、そこを自分の祖国とし、その中に自分の家を建てるべきではないだろうか。力強くありながらも穏やかでいれば、ずっと安心でいられるというものだ。

（超訳ニーチェの言葉より引用）

5 意外と知らない印鑑のこと

法人の実印・銀行印

会社登記のときに必要な印鑑はどんなのか、どのような種類があるのか、銀行印はどうするのか等々、知っているつもりで知らない印鑑の基礎をここで押さえましょう。

会社登記に必要な印鑑は、法人の実印です。

管轄の法務局に届ける印鑑（法人の実印）があれば届出は受け付けてくれます。

法人実印一つで銀行印を兼ねることは問題ないです。

しかし法人実印と銀行印を１つにしていると落としたとき、紛失したとき等のリスクを考えると、別々につくったほうがいいと思います。

したがって、通常、法人実印と法人銀行印の２つをつくることが多いです。

形状は丸型で真中に…代表取締役の印と書かれていて、それを社名…株式会社で取り囲む形です。

銀行印は、法人実印より若干小さめにつくるのが普通です。

もう１つ欲しいのが、社印です。角印とも言います。

実印を押さなくてもいい書類（見積書や請求書等）にこれを使い、実印が真似されたり偽造される機会を少なくするというリスク対応にもなります。

印鑑をつくるのは簡単です。

名刺を持って「この会社の法人実印と銀行印を作成して」と言えば、実店舗なら3日もあれば出来上がります。

勿論、黒い重厚なケースに入れてくれます。

それを手元にしたときには「いよいよだ！」との感慨が湧きあがって来ます。

が、店舗や注文を出す前に決めておかねばならないことがあります。

印鑑の字体

それは字体です。印鑑の世界は、普段使わない字体が存在しているのです。

篆書体（テンショタイ）：真似されにくい書体で、最もよく使われる書体。

印相体（インソウタイ）：篆書体よりさらに真似され難い書体。

隷書体(レイショウタイ)：直線的でバランスがいいが真似されやすいので認印などに使われている。

古印体（コインタイ）：隷書体を丸くした力強い日本独特の書体で認印に多い。

会社法人印には、通常篆書体が多い。字体はこれで決まり。

印鑑の材質

次は材質を決めなければいけません。

本柘（ほんつげ）：柘は彫刻に合致している木であり、繊細な印鑑にはぴったりと言われている。

国産で高級なものを本柘という。

象牙（ぞうげ）：耐久性が高く損傷が少ない高級品。

黒水牛（くろすいぎゅう）牛角（オランダ水牛）：水牛の角である、堅く丈夫で長持ちする。

これ以外にも、チタンや環境に優しいアグニ印鑑等々材料は沢山あるので、コストと相談しながら決めること。

ただし印鑑は人柄を表すと言われてるので、よくお考えの上、納得して購入してください。長く使うものですから。

８㎜以上で25㎜以内の正方形に収まるものでなければならないという規定がありますが、その辺のところは、作成側が熟知しているのでお任せでいいと思います。

ゴム印

そしてゴム印です。社名、代表者名、所在地、電話番号、ＦＡＸ番号、携帯番号、e-Mail アドレス等を、それぞれが別々でセパレートになっているのを作成するのがベストです。

代表者の名前だけ必要なときとか、住所だけというときにバラして使えるから便利です。

以上で印鑑がらみは揃います。

リスク対策

ここでもリスク対応策を打っておくことが大事です。

法人実印とほぼイコールのもどき印、いわゆる「なんちゃって印」を作成しておきましょう。

いつも持ち歩く法人印にぴったりです。

落としても、なくしても、何処に入れたかわからなくてもこれで安心です。

通常の捺印はこれで何ら問題ないですから作成しましょう。

これは余計かもしれないが、実印等を預けておく金庫は必要です。

銀行の貸金庫が一番安全でしょう。

年間2万円程度の金額で借りられます。

大事なものはここで保管すれば安心です。

第5章

これが失敗しないためのマネジメント!【できるマネジメントのKey1.】

1　組織をつくり、ルールを決める

しっかりルールはつくる

会社の規模が小さいから、組織もルールも必要ない。

あるいはすべて自分でやっているから、そんなもの必要ないと考えている人が多いです。

しかし、これはあまりよくないと思います。

失敗する可能性が大きいと思います。

規模が小さかろうが、たとえ一人であってもしっかりルールをつくっておくことが大事です。

一人のときはそんなもの要らないでしょうと言われますが、それは大きな間違いです。

たとえ一人であっても、外部連携や支援者を含めて考えると、それはチームであり、組織ですし、ましてや外部の人材との関係性を維持していくには、ルールや役割についての決め事がないと後々トラブルとなります。

同じ事業目的を持つ社内でさえ、1つにまとまらず、ガタガタして来るのです。

まして外部や他者との連携時にはルールが必要不可欠と思います。

更に、一人のときでも、必要です。それは一人だと誰も縛りを入れてくれません。一人ですから自分で律することが難しくなってきます。

自分には甘くなりがちですから。

私の場合

私の場合の実例で説明しましょう。

自分が、何故この会社を立ち上げたのか、どうしてこの事業を始めようと思ったのかの根本の思いを明確にしておくことが必要です。

一般的には理念と言われているところです。

その理念に基づいて、どのようなモノや事を提供していくのか、何を市場やお客様へ提供していくのかを明解にしましょう。

そして、次にその事業の数年後のあるべき姿（ありたいと思う姿）を明確にすることです。一般的には中期計画に当たります。それを今現在（As Is）と将来（To Be）としてまとめておくようにしましょう。

これがしっかりしてないと、目的が不明確になり、その実現に向けた最適組織のあり方や、大切にしなければいけないクレド（信条）や、日々のルールなども、その時その場逃れのいい加減なものになってしまうのです。

そのような会社が世の中に価値を提供し新しい市場やお客様をつくりだすことができるでしょうか。

ここはしっかりと押さえましょう。

そしてその事業の目的達成に向けて最適な組織をつくるのです。

会計担当（税務処理・申告代行）、営業担当（私の場合は支援者とよんでいる）、コース企画開発コンテンツ作成担当、ドキュメント印刷担当（印刷、コピー関係）の「組織」としています。

私は、その中のコース企画開発コンテンツ作成が主な担当です。

それ以外は、連携先の企業や個人に担当して貰ってます。

外部との連携ですから、しっかりとルールを決めて連携協力の体制をつくりましょう。

弊社の目的達成に向けて一緒に力を合わせて行く強力な布陣ができるのです。

まして社員が複数人いて、外部委託や協力会社や仕入先や販売先等のバリューチェーンがあるのでしたら、しっかりとした組織とルールづくりは必要不可欠です。

そして権限の範囲や責任と義務のバランスを考えて行くのはマネジメントの基本です。何かを立ち上げてゆくときには、まず第一に、チームをつくりましょう。

思いや志を一つにする人々のチームです。

それは社員という雇用形態の人もいれば、委託や外注という形をとることもありますが、雇用の形態でなく、思いを一つにした「チーム」をつくることが Key です。

そして第二にその思いや志を可視化できるように明文化することです。

第三に、それをしっかり共有しましょう。そして短い言葉でわかりやすく表現する工夫もしましょう。一言で言ったら何なのかと聞かれたときに、すばり一言「コンセプト」を語れるようにしておくことが共有浸透の Key です。

このようなステップを踏まずに、すぐ「儲けの構造」を考えたりつくってみたり、業績見通しを作成するのは「ドブ」に落ちる可能性が大となります。

小さな成功を早めに生み出す仕組み

次に経営者やリーダーとしてやらねばならないことは、小さな成功を早めに生みだすことです。

そうすれば自分自身の中に「勇気」と「自信」が湧いてきて、さらなる成功へ向かうことができるようになります。

その成功をチームで喜びあえるように心がけ、またその仕組みをつくることが成功するマネジメントとしての Key です。

また営業部隊によく見られるのは、わが社の営業の行動規範とか大切にすることをつくり朝礼等で唱和している会社も沢山あります。

もっとも有名で多くの会社が参考にしている事例は、電通鬼10則ではないかと思います。ご存じの人も多いと思いますが、その1を紹介します。

その1、「仕事とは先手先手と仕掛けていくことで受け身でやりものではない」です。

組織やチームのときには「旗」が大事です。

みんなが共通の「旗」を持つこと、それに向かって進むのですから、是非「旗」を掲げましょう。

一方、ルールやチームのスローガンをつくるときに大事なのが、一人でつくり「いいだろ！　この通りやれ」的な指示命令型ではもはや浸透しません。

メンバーを参加させ巻き込み一緒につくる作業が大切です。

与えられたものでなく、自分たちがつくったものという意識がないとなかなか浸透しないのです。そのような状況になると、ただの「飾り」になってしまいます。

更に半期あるいは年度ごとにしっかりとレビュー（振り返り）をすること。予算や売上の数字が行ったか行かないとかばかりでなく、何をやろうとして何ができて何ができなかったのか。そしてそれはなぜ？　じゃどうするのかをしっかり押さえて、次の段階繋げていくことが大切です。

結果はもちろん大事ですが、プロセスも大事です。

経営者として大きく成長するにはここもポイントの1つだと思います。

また業績のいい子に「なぜそんなにいい実績なの？」と聞くと、「一生懸命頑張りましたので」と返事が戻ってくるときが多いですが、上手く行ったときこそ「何故、何が功を奏して上手く行ったの？」と聞いてあげてください。それにしっかり答えることができるようになると好業績は継続しますから。

（参考図書：電通鬼十則、植田正也著、日新報道より一部抜粋）

2　人間関係を明確にする

ステークホルダーマネジメントをする

組織もできあがり、ルールも決まり、これで万全だ、と思ったときに、気をつけなければならないことの1つは、人間関係を明確にしておくことです。

つまりステークホルダーマネジメントをしなければならないのです。

ステークホルダーとは、利害関係者のことです。

つまりこの事業に積極的に関与しているか、この事業の結果が自らの利益にプラスまたはマイナスの影響を受ける人や組織のことです。

貴方にとってステークホルダーは誰か。まずはここを明確にする必要があります。

・事業のアウトプットを受け取るのは誰か?
・そのアウトプットを確保するためにインプットしてくるのは誰か?
・株主は誰か?
・関連する責任者は誰か?
・報酬を受け取るのは誰か?
・ペナルティーを支払うのは誰か?

これに該当する人をすべてリストアップしましょう。

そしてその特定したステークホルダーとの関係性を明確にしておくことがKeyです。

たとえば3割の株を持っている株主Aさんがいたとしましょう。

Aさんのわが社に対する影響度は? 権限の強さなどは法律で決まっていますからポイントを押さえておきましょう。(30%の持ち株だと特別議決権はないとか)。

100%自分が株主なら問題ないですが(資金の量としては限りが出てきますが)、30%のAさんと40%のBさんが連携すると役員改選等の議案が否決され、あなたの会社が乗っ取られることにもなるのです。

そんなことは絶対ないよ! と多くの方が言いますが、当初の関係性がずーっと維持され保たれることのほうが珍しいのです。

事業が好調なら、また逆に不調なら、どちらでも利害に関係する人は存在するのですから、しっかりとステークホルダーの分析をし現状を把握をしておくことです。

勿論人間性や性格や行動の特性も押さえておくと役に立ちます。

友人関係

さらに重要なのは、友人関係です。お世話になった先輩やアドバイスをくれる先達者、そしていつも心配してくれる友達です。

先輩には礼節を持って、友人は友人として暖かく接していますと言うことではなく、個人の関係と法人事業との関係を混同せず、しっかり切り分けることが大事です。

これがなかなかできないのが現実です。

なぜなら人は良く思われたい、悪くいわれたくないという心理が働くから、ついつい本音と違う対応を取ってしまうのです。

私はそのようにならないために、関係性を分けて考えています。

知人（知ってる人）、

友人（友達、遊び友達）、

仲間（何かを一緒にやる人）、
同士（志を一にする仲間）、
戦友（目標に向かって戦う人）、
そして親友です。
親友でありステークホルダーであれば最高と思いますが、なかなかそんな関係性は稀です。
できれば最高でね。

公私混同に注意

社員がいる場合は、特に公私混同に注意をしてください。

いくら社長の友達だからと言ってロクに仕事もしないのに採用して組織がガタガタになる例は沢山あります。そのような状態になってはいけません。

社員のモチベーションは下がる一方となってしまいます。

また友人や仲間からの、お金の貸し借りの話もよくあります。

会社の資金と個人のお金を混同しないようにしてください。

つい会社は俺のものだから…などと勘違いしている方がいますが、大きな間違いです。

個人的に少し融通してと頼まれることもありますが、私はそのときは、戻ってこないものと思って対応するようにしています。

戻ってくれれば良かったと思い、戻らねばあげたのだからとあきらめる。

その金額も数万円と決めています。それ以上は貸しません。勿論借りません。

貸さないと冷たい奴だとか、あんなに面倒見たのに恩知らずだとか言われますが、その手の人はまた借りるという行為を繰り返します。またそういう「癖」のある人ですから、その後も良い関係が構築できるとは考えにくいと思います。

お互いが傷口をなめ合い慰め合っているような関係には明日は来ないのです。

また貴方自身がそのようにならないように注意しましょう。

是非ともアドラーの「嫌われる勇気」を一読されることをおすすめします。

3　マネジメントの仕組みをつくる

マネジャーに求められること

小規模であれ中規模であれ、人がいて相手がいて、チームや組織があり、仕事をするときにはマネジメントは不可欠です。

「うちは中小企業だから、すべてが見渡せる規模だし、だいたいわかってますよ」というトップの方が沢山います。

でもそれは本当ですか？　本当にわかってますか？　と疑問に思うことが多いのです。

そういうトップに限って、現場には行かない、お客様にも行かないのではないでしょうか。

「俺の経験では」とか「あのときはこうだった」とか、自分自身の経験値で判断し、思い込み指示でしたり、命令を出しているのではないかと心配になります。

では、マネジャーに求められることってどのようなことなのだろうか、整理してみましょう。

①経営マネジメント層に求められるのはコンセプチュアルスキル。

組織の問題の理解と状況を把握し、意思決定をし、戦略目的を達成する能力。

②一般マネジャー層も含めて求められるのは、ヒューマンスキル。

他人と共同し、他人を通して業務を遂行する能力と判断力。モチベーションとリーダーシップの理解が不可欠。コミュニケーション能力やコーチングなどを含みます。

③一般職が一番求められるのが、テクニカルスキル。

日々の担当業務や、特定の業務遂行に必要な知識・技術のことです。

経験や教育を通して習得します。

上級マネジメントになればなるほど①の比重が高くなります。

〔図表8　マネジャーの心構え〕

① 原理原則理念を大事にする。
② 気合いと根性だけでなく科学的手法でアプローチする。
④ 固定概念に縛られず常に創造的アプローチを心がける。
⑤ マネジメントは効果に責任を持つ人であることを認識する。
⑥ 最適効果を常に追及する。
⑦ 人を大切に、人も自分も成長するマネジメントをする。

しかし、起業者としてはどの能力が一番重要なのか？　②③ができてない人は起業など考えずにまずはしっかりと仕事ができるように、業務を回せるように鍛錬すべきです。

②③の経験があって、①の能力をプラスして保有している状態が望まれる状態です。

何のためにこの会社をつくったのか？　何故これをやるのか？　その社会的意義はあるのか？　そして事業ビジョンや目指すべき姿等々、は①のコンセプチャアルスキルに該当します。その実現に向かって最適組織や人材マネジメント等、様々なことが必要になってくるのです。

そのときの心構えが図表８の７つです。

これらを基本にして、共通の目標に向かって創意工夫し知恵を回して行く、サイクルをつくりあげ、そして共に実現しようという協働の意欲に溢れて、よりよいコミュニケーションがあることが上手く組織の原則です。

組織の三原則と言われています。

自分自身のマネジメントを振り返り、どうも上手くいかないなと感じたら、チェックしてください。上手く行かない原因がわかると思います。

零細中小規模の人材マネジメント

マネジメントの役割の中で大きなウエイトを占める人材マネジメントは、特に零細中小規模の企業は極めて厳しい状況と環境の下でやらねばなりません。

何故なら、①人が集まらない、②集まってもすぐに辞めていく、③来たとしても企業人としては鍛えに鍛えなければ一人前にならないからです。

更に、給料や待遇面では決して恵まれていませんし、福利厚生や退職金制度の充実度は大手企業にはかないません。

ではそのような状況の中で、人材マネジメントをどのように展開するのかが課題となります。人の育成や教育研修などにかける費用も限られていますので、自分自身が語るしかないのです。語って語りつくし、思いを伝え、仲間にして行く過程で人を育てていくのです。そのときに根本に「人を大切に」と思いを確り持っていることです。

そのためには、自分自身が学び実践し経験し、人間的成長をしていかねばなりません。

そして、部下や相手の方が「成長を感じられる」ような仕組みをつくることがKeyです。

人の調達

人材マネジメントの基本的流れは、まず要員計画です。

どのような能力の人が必要なのか、何名必要なのかです。

次に人の調達です。雇用形態も考えましょう。直接雇用なのか、派遣なのか、季節雇用・パート・バイトは必要なのか、人材派遣会社経由なのか? です。次は雇ったあとの要員の維持と補充です。

最大のポイントは、最適なベストな人を得るには、どのような採用をすればいいのかです。中小企業は特に人にかかっている部分がすごく多いのですからここがポイントです。

いい人を採用できればすべての面で良い影響が出てきます。

採用後は、メンバーを最大限に活かすことに注力しましょう。

どうすればいい人が集まるのか、それはあなた自身が採用活動をして、面接するのです。

そのあなたを見て、人が入ってくるのです。

次は、各人が持っている力を発揮してもらうには、どうすべきかを考えることが Key です。

人の能力で見えている部分は10％ぐらいしかないと言われています。

氷山理論

氷山理論を紹介します。

氷の比重は約0・1と言われてます。

海に浮かんでいる氷山をイメージしてください。

〔図表9　氷山理論　氷の比重は0.1である〕

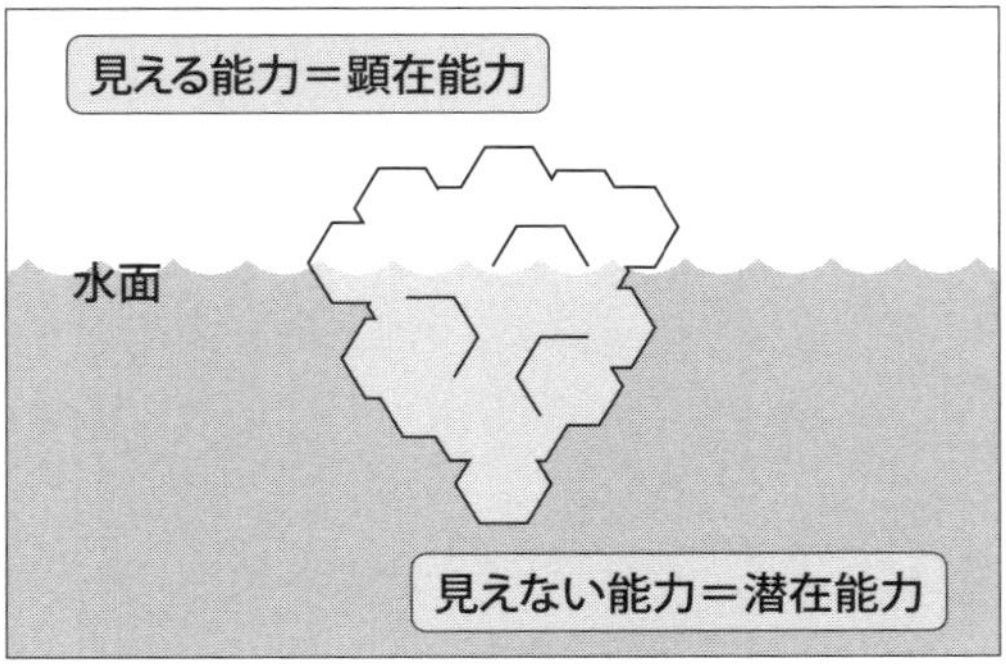

海面から見えるのは10％なのです。ここが能力でいえば、顕在能力、つまり見えている能力、発揮されている能力です。

一方、残りの90％は海面の下で見えないのです。これが潜在能力です。この90％を占める見えてない能力を伸ばすことが、人の育成ではとても大事なポイントなのです。

10％の顕在化率ではなく、20％や30％顕在化してきたら、今までの2倍3倍の能力を発揮することになりますので、業務や仕事に対する効果や貢献は計り知れないのです。人の成長の可能性を信じてマネジメントしましょう。

人材育成のポイントは、この見えない能力をいかに引き出すかです。

4　情報の仕組みを構築する

顧客情報

事業コンセプトや戦略を本当に実行して推進していくには、それを支える情報の仕組みがないと失敗につながります。

一番大事な情報は、顧客情報です。

会社の概要や取引内容を整理しましょう。

休みのときや外出で不在のときにも、他の方が対応できる状態が望ましいです。

またお客様の静態情報から動態情報まで、知りえている情報の整理と知らねばならない情報の追加が常に必要です。

お客様情報の静態情報としては、業種・資本金・従規・業務・系列・銀行・利益の構造・ビジネスモデル・グループ・関連会社・系列・提携連携先・各財務指標・組織図・人脈関連図・取引先・仕入先等である。

動態情報としては、・全社戦略・事業戦略・投資予測・重点投資領域・業界動向・競合動向・新規参入・新戦略・新事業戦略・M&A・グループ戦略・製品戦略・価格戦略・営業戦略・海外戦略等です。

さらに競合情報として、・競合戦略・顧客と市場の動向・競合の動向・競合の提供価値を知ってないと駄目です。

お客様への大きな影響を与えることとして、・お客様からの要望・声・ニーズ まで把握しておくと更にいいです。

そして業界団体や法規制の動きも察知しておくことも必要です。

このような情報収集の過程で、お客様の本当のお困り事が見えてきます。

そのお客様の戦略的課題を知ろうとする行動がお客様を知ることがこれからのビジネスには不可欠の視点です。

重要顧客1社ごとに、これらの情報を電子で整理し保管しておくこと、そして都度追加加工して最新の状態にしておくことです。

顧客データベースの構築

次は顧客の基本情報のデータベースの構築です。

顧客名、住所、メールアドレス、担当者名、ライトマン名、決済ルートぐらいは押さえておいて欲しい項目です。

そして営業の進捗や実施状況を都度記入しておけば、読み返すだけで、無駄な行動や情報の抜け漏れダブりが防止できます。これはエクセルで即刻作成しましょう。

顧客住所管理データーベースも同時に作成しておくこと。DMは勿論、セミナーの案内等販売促進や年賀状等々にも活用できますし、勿論請求時も使えます。

見積り管理や契約書管理、そして請求書と入金管理も必須です。

既存の会計ソフトで十分対応できるし、エクセルやPDFで電子管理も簡単にできます。

自社にマッチしたソフトを選びましょう。

今やインフラと端末発展により、メールで大半のコミュニケーションができてしまうので、お客様のアドレス入手が最重要ではないかと思います。

いつでもメールができて、しかもすぐに返信が来るという関係性を構築しましょう。

常に新しいお客様との接点の強化も意識して行動しましょう。

業務上必要最低限の情報の仕組みづくりは勿論ですが、常日頃から、人に興味を持って様々な機会を活かして人や企業との接点の拡大を心がけましょう。

さらにＳＮＳ等でフェイスブックやラインも最適手段です。

多額の投資をしなくても今や手元のＰＣとスマホですべてことが済む時代です。

後はＰＣとプリンターがあれば十分ですね。

5　対象顧客を絞る

限られた条件の中で押えておくこと

「魚」のいないところで釣りをしても釣れないというたとえ話がありますが、ＢtoＣでは、どの市場（領域）で、どの地域のどの年齢（性別）をターゲットとするのか等との層別条件で対象を絞るのが定石です。

一般的なセグメンテーションの変数は、地理的変数（地域、エリア、都市の規模、人口密度、気候等）、人口統計的変数（年齢、性別、家族数、宗教、教育、人種、所得、職業、国籍等）、行動的変数（購買機会、求めるニーズ、使用頻度、ロイアリティー、購買準備段階、製品への態度等）、心理的変数（ライフスタイル、生活様式、社会階層、性格等）があります。

セグメンテーションの目的は、それぞれのニーズを持つ消費者をグループに分けて、共通のニーズや同じような購入のパターンを持つグループに分けるのです。

そしてその細分化された同質的な購買層へ、最も効果的な販売戦略を立てるのです。

そのときの注意しなければならないことは、時間もお金もマンパワーも限られていますから、すべての情報が完璧に揃わないとマーケティングができないとのスタンスにならないようにしましょう。

限られた条件の中で、我々が押さえて置かねばならないことは、簡単にデーターが入手できて、規模がわかること。競合がわかること。事業展開の価値があり、収益の見込みがあること。

効果効率的にターゲットに到達できることです。

さらにポイントは、相手（お客様）の顔が見えるまで細分化し詳細化することです。

しかもその顔が喜んでいるのか？怒っているのか？見えるようにウオッチしてください。

そうすれば成功の確率は飛躍的に高まります。

これからのマーケティングは価値創造の時代と言われています。

このような環境変化を認識し、自らの事業のスタートあたって、対象顧客を明確にすることは成功のKeyです。

マーケティングミックスの最適化が必要

分析で得られた情報を基に、市場の細分化を図り、顧客を選定して（セグメンテーション）、その中での主要な対象先を絞る（ターゲティング）、その中での自社の位置を把握しておく（ポジショニング）、そして狙うべき先を特定し、そこにパワーを集中して投下するのです。

マンパワーも含めて常にぎりぎりでやっているのが現状でしょう。

ですから、マーケティングミックスの最適化が必要なのです。

選定したターゲット市場に対して、マーケティングの目標達成のため、様々な手段を組み合わせて行うのです。それは提供すること（もの）が何なのかという製品（商品やサービス）戦略と、どのルートで売るのかというチャネル戦略（直接販売するのか、代理店や特約店を経由して販売するのか）、そして価格をどのように設定するのかの戦略、さらに販売を推進していくプロモーション戦略なのです。

つまり自分の製品（商品やサービス）を選んでもらうために、各戦略をしっかり考えて計画を立てて行くことが成功のKeyです。

製品等ができたと喜んで販売展開しても上手くいかないとの声をよく聞きますが、それはここが弱いからです。

折角、提供価値の高いものをつくってもマーケティングが弱いと失敗します。

そして最後は、行動計画（アクションプラン）の策定です。

いつ、誰が、どこで、何を、どのように、どのぐらい、やるのかの、５Ｗ１Ｈを忘れずに策定しましょう。

ここから先は、ＰＤＣＡをしっかり回すことが成功のKeyです。

マーケティングとは

マーケティングとは何なのだろうか、いろいろな解説がありますが、全米マーケティング協会ＡＭＡ（American Marketing Association）の定義では「個人と組織の目標を満足させる交換を創造するために、アイデア、財、サービスの概念形成、価格、プロモーション、流通を計画・実行するプロセス」とされています。

もう少しわかりやすく解釈して見ましょう。

それは「売れる仕組み」を考えることではないかと思います。

マーケティングという言葉がカタカナであり、マーケットというと市場とか為替とか株式市場を思い出させます。

またプロモーションも含めて、宣伝活動などを指すこともあります。

売れるという言葉は「セリング」と「マーケティング」の二つに捉えらます。

「セリング」は顧客要求など無視して無理やり売りつけるようなイメージもあります。

必要のない商品でも、詐欺的、脅迫的に売りつけてみたり、戸別訪問で居座り無理やりに強引にというイメージもあったりします。

しかし「マーケティング」は製品やサービスについてお客様のニーズに合致しているかがスタートです。そしてお客様に理解してもらし納得してもらい、関心を持ったお客様によく理解してもらうための情報を提供することが大事です。

また商品を欲したときにはその商品を容易に入手し、お客様の要求に対応した状況をつくり出すことです。この一連の活動を、「マーケティング」というのではないかと理解しています。

これら一連のプロセスが「売れる」という言葉に集約されるのではないだろうかとも考えます。

そのために、しっかりとターゲッティングをして、その対象に対してマーケティングをして行き

〔図表10　マーケティングの基礎用語〕

マーケットリーダー	業界 NO1 企業であり、充分な経営リソースを活用して市場全体を攻略する、主要なるテーマはシェアの維持である。
チャレンジャー	マーケット・リーダーのシェアをいかに差別化し、切り崩すかが最大のテーマであり業界に数社いる。
フォロワー	業界の流れに準じて行動し上位企業の真似を中心とし、無理な戦略はとらない業界追随型企業。
ニッチャー	Niche は壁の窪みを意味する、つまり特定のセグメントに集中して攻略することで小さなセグメントを独占する、シェアは小さいがユニークな製品・サービスを提供することで、独自の高付加価値戦略を取る。

マーケティングを簡潔に表した言葉を参考にしてください。

ピーター・ドラッガー
「マーケティングの究極の目標は、セリング（売り込み）を不要にすることだ」

セオドア・レビット（ハーバードビジネススクール教授・レビュー編集長）
「マーケティングとは、顧客の創造である」

フィリップス・コトラー
「マーケティングとは、個人や集団が、製品及び価値の創造と交換を通じて、そのニーズや欲求を満たす社会的・管理的プロセスである」

以上を参考にして、絞り込み先に対して自分なりのマーケティングを実行しましょう。

ましょう。

参考にポジショニングについて基礎的知識を図表10にしました。

事業スタート時の自社の位置を認識し、戦略を考えることも大事なことです。

６　ＰＤＣＡを回す

現場活動の開始

対象市場も明確になりました。いよいよ現場活動の開始です。

ここでの成功の Key はＰＤＣＡを回せです！

ＰＤＣＡを簡単に説明しますと、戦略をコントロールするには、計画(Plan)から実行(Do)に移し、点検（Check)を行い、是正（Action)する、そしてまた計画（Plan)に落とし込むといったサイクルを取ります。これがＰＤＣＡサイクルと言われています。

４つのサイクルの要点は、Plan。計画を立案し、それを実現するためのプロセスを策定します。

そして計画の達成度を測る定量的な指標を決定します。

Plan ができたら Do です。計画を実行するのです。

活動を始めたら、必ずCheckを入れましょう。測定結果を評価し、目標と比較し分析をします。

達成できてない場合は、問題を深堀して解決策を立案しましょう。

達成できている場合は、このまま良い状態が、持続できるのか検討し、更に良い状態で持続できる対策を立案するのです。

そして改善活動のActionへとつながります。目標の未達など、良くない状況のときには継続的に改善の活動をしなければなりません。また良い状態のときには、更に良くなるにはとの視点で活動をするのです。

実行して上手く行ったものは、次のPlanで予め盛り込むなど検討するのです。

PDCAを回すポイント

ＰＤＣＡが回らないとの声をよく耳にしますので、ＰＤＣＡを回すポイントを紹介しましょう。

①計画をしっかりつくる。

全社戦略&ＴＯＰ方針の理解、市場と我々を取り巻く環境認識や競合分析、自社の強み分析、中期計画との連動、ワクワクする目的、具体的な目標（５Ｗ１Ｈ）は必須です。

②戦略の理解と納得。

経営と事業執行部門長との戦略に対する理解と納得、ＴＯＰに成り代わり語れるか。同様に各部長と課長間の理解と納得度で成果に大きな差が出る。自分自身で腑に落ちているか、部下に心底理解させ納得させているか、伝言ゲームになってないか！　が Key です。

③戦略の周知徹底をしましょう。

会議で伝達したから…メールで発信したから…で本当に末端まで周知徹底していますか。ありとあらゆる機会を捉え、何度でも語る！　思いを伝える！

方法や手段は考えられるものはすべて使ってです。

会議・メール・ポスター・手紙・朝礼・夕礼・キックオフ・勉強会・研修・合宿を通じて完全を共有しましょう。繰り返し刷り込むのです。

④目的を明確にしましょう。

何のためにやるのか。何故そうなのか。その背景と必然性を訴えましょう！　どうやるか（HOW）のテクニカルな話ではなく、何をするのか、何のためにやるのか（WHAT）を考えさせましょう。

⑤協働の意欲を掻き立てましょう。

その目的を一緒にやるぞ！　という意欲を彷彿させるのです。それは目先の利益やいわゆるニンジンをぶら下げることではありません！　チーム一丸となって、組織力を発揮しましょう。創意工夫し知恵を回す学習する組織を創りましょう。

⑥リーダーシップを発揮してください。
自らが先頭に立って率先する気概を持って、部下が自ら自立的自発的に自ら考え行動するコミュニケーションでリーディングしてください。

如何に部下が楽しくワイガヤで動き出すかが成功のＫＦＳ（KEY FACTOR OF SUCCESS）です。

マネジャーはそのための仕掛けをしましょう。

ＰＤＣＡを回すには

段取りは８分という言葉があります。

ＰＤＣＡを回すには、まず最初のＰが最大のポイントです。

スタート段階での「ボタン」のかかり方でスタートが決まります。

しっかりりボタンが掛かっていないと、スタートする前に失敗が見えているようなものです。

また「ボタン」がかかったとしても、いびつにかかっていたのでは、これまた失敗の道へ行くだけです。十分注意ください。

更に各フェイズ毎にポイントを考えて見ましょう。

Ｐの推進時のポイントは、自ら知恵を搾り自ら考え自ら創れ！　です。

なぜなら与えられた計画では実現度は自ずと低くなります。

自らが主体的に取組み策定することが大事です。

お客様視点を忘れるなです。

お客様第一！　と大きくポスターを貼り、対外的にもうたっている会社ほどそうなっていないような気がします。

本当にカスタマーファーストを追い続けているのか。

表向きのスローガンだけなのか。是非とも本物を目指しましょう。

本当の意味でお客様価値提供をし続けましょう！

この視点を忘れないように。忘れた途端、目先の売上とその日の数字づくりに忙殺され、ただの数字を追いかける販売部隊になってしまい、決して長続きしません。

過去のトレンドや上位方針の良いとこ取りの計画策定ほど無意味なことはありません。

過去のレビューやＴＯＰ方針は勿論ですが、我々を取り巻く環境認識や内部外部分析、競合分析等の手法を取り入れ、業界の動向や法規制などの視点も忘れずに入れて、策定すべしです。

そしてその計画はワクワクするか。メンバーが乗ってくるか。その計画は楽しいか。今までと違う視点、更にそこで働く一人ひとりの成長が感じられるかが成功のKeyです。

Ｄの展開時のポイントは、できない理由を語らせるなです。

できない理由を１００でも２００でも挙げ語る人がいます。

どうしたらできるかを語らせてください。

「できない理由を上げるのが得意な日本人」とある知事が言ってましたが、どうしたらできるのか、やるためにはどうしたらいいのかの視点で語るようにしましょう。

あれがないからできない！　あれがあればできる？　と言い訳探しは最高にうまい人が多いのですから。Can Do！　の精神で行きましょう。

そして、褒めてあげる！

どんな部下も必ずいいところがあるのです。褒めて育ててください。

怒るのは簡単です。感情のままますればいいのですから。

しかしそれでは人は育ちません。その人のいいところ探し、見つけて、プラスのストロークを出してあげてください。

Cの領域では、測定可能な目標値しないといけません。

目標は後で達成したのかどうか、測定できないような目標値はいけません。

定量的に表せて、眼に見えるように測れるように設定ください。

一方、数字で表せない目標値はどうするかも考えておきましょう。

よくプロセスなどを目標値にした場合などは、定性的な表現に流れることが散見されますから、そのようなときには、評価の基準を事細かに決めておくことが大事です。

Ａでのポイントは、小さな成功を早めに経験させるです。

次のステップへ上るには、成功体験を積ませねば付いて来ません。

大きな成功は期間も長くかかりますから、小さな成功体験をさせてあげることです。

そうすれば自信と勇気が沸き、前に進めますし進みます。

複数で事業を立ち上げるときは、以上のポイントをしっかり押さえましょう。

勿論、一人事業でもチェックポイントとしてしっかり押さえないとＰＤＣＡは回りません。

7　お客様のお客様視点を持て

5Cの視点

営業で勝つには、営業戦略で、何を提供するのか、なぜそれを提供するのか、お客様はそれを欲しがっているか、競合の状況はどのような状態なのか、同業他社の戦略はどのようになっているのか、把握をしようと言われてきました。

しかし、これからの営業はその視点でいいのでしょうか。

従来から言われてきた、３Ｃの視点では限界があるのではないでしょうか。

3C分析とはCustomer/Competitor/Companyの頭文字を取ってネーミングされています。外部環境の市場と競合の分析から、自社の戦略を生かす分析をするフレームワークです。マーケティングの定番ですから、学んだ方も多いと思います。

しかしその視点では、モノ売りから脱却できないのではないかと言われています。

従来の3Cにお客様のお客様（Customer･s Customer）とお客様の競合(Customer･s Competitor)の視点をプラスして5Cの視点でお客様を見ないと、お客様の戦略的課題は見えないのではないでしょうか。

お客様の最大の関心事は、お客様のお客様を維持拡大し、更に大きく成長させることであり、そのお客様のお客様を攻略に来ている競合を排除し、お客様を守ることだと思います。

その戦略的課題を把握し共有し共に解決して行くことが提案できる営業でないと、結局はタダのモノ売りとなり、価格競争に陥るのではないでしょうか。

特にこれからのB toB市場においては不可欠の戦略だと思います。

その視点でお客様をよく調べて、分析して、お客様の課題を把握することがKeyとなるのです。

そのためには、お客様を知ること。お客様の静態情報は勿論のこと、動態情報を調べて、分析することが大事である。

5章4の静態情報と動態情報のサーベイ（調査）項目をしっかりと押さえてください。

〔図表11　5Cのイメージ〕

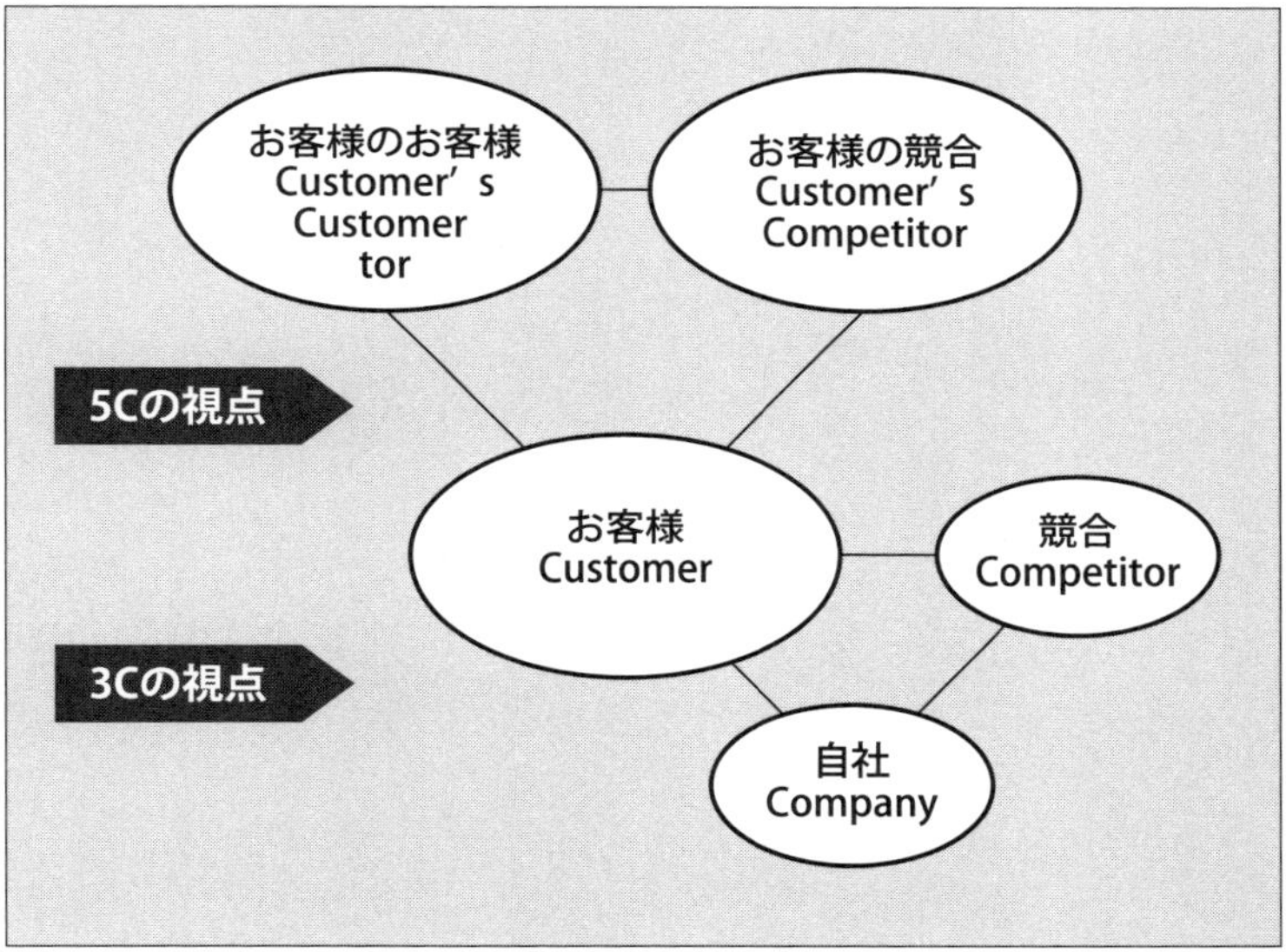

そしてサーベイした内容を、記録し残すことです。

1社ごとファイルして保存しておけば、営業ヒストリーを含めて、すべてのことが掌握でき、新しいアイデアや企画がどんどん生まれてくるナレッジとなるのです。

また自分自身の営業の歴史でもあり、財産なのです。

この5Cの考えは、BtoB（Business to Business）には不可欠と言われています。

個人相手の、B to C（Business to Consumer）では、最終的なカスタマーズベネフィット（お客様の最終的な利益や利便）まで訴求することが成功のKeyです。

ビジネスをやっていて、失敗を経験してない人はいないでしょう。

ドラッカーは、「失敗もしていない人を信用するな」とも言っています。

でも、できれば失敗はしたくないのが本音ですが、ここで失敗の原因を考えてみましょう。

一つは、ものを売ることが目的となり、何故それを市場やお客様が必要としているのか、の視点が欠落していると、売りたいものも売れないのです。

たとえ売れても、安くしか売れません。商品の特徴や性能を語って、優位性を誇示しても、既に「もの」そのものでの差別化ができない状況の下では意味がありません。

お客様が何故それを購入するのか。お客様が望んでいる、満たそうとする最終的な利便や満足感を訴求して行かないと売れもしないと思います。

二つは、誤った思い込みです。社のポジショニングを含めて、自社が（製品が）どこにいるのか。どのような環境の中にいるのか。取り巻く状況を確りと把握せず、自己の都合のいいように解釈して、思い込んでしまうのです。完璧な勘違いですね。

三つは、人の意見を聞かないことです。自分の事業に対しての自信と勇気を持つ事はとても大切です。しかしそれが過剰になって聞く耳を持たなくなり、結果として失敗の道を歩でしまうのです。

耳に門を立てて聞くのではなく、耳へんに心のある、傾聴の姿勢で聴かなければいけません。素直が最高のインテリジェンスなのですから。

第6章

リスクマネジメントを考える【できるマネジメントのKey2.】

1　常に二の矢、三の矢を考えておく

リスクの発生と影響度を推測する

何かハプニングが起きてから対応策を考えればいいと思っている人は、事業の成功率が自ずと低くなります。

リスクとは、危険ということです。起業するときに、事業を始めるときには、危ないと思えることをすべて抽出し対応策を策定しておくことが基本なのです。

そのためには、リスクの発生確率と影響度を推測し、事業活動にどのように影響があるのかを考えておくことは必要です。

手順は、次のようになります。

①発生する可能性のある脅威事項を書き出す。
②そのことが事業に対して与える重大なインパクトを記入する。
③そのリスクの発生する確率を想定する。
④それぞれの項目をマトリックスにマッピングする。

⑤マッピングを見て、取り組む優先順位を決める。
⑥各脅威に対する対応策を考える。

リスク対応策

リスクに対する対応策として、回避、転嫁、軽減、受容の４つが言われています。

回避とは、リスクから守るために、計画を変更することです。

初めての取組時には、何が起きるか予想がつきません。

一人で立ち上げができると思ったが、専門家の助けがいるとか、当初計画の事業の規模や範囲を変更するとか、または資金を追加するとか、計画を変更することによって、そのリスクを回避する方法です。

転嫁とは、そのリスクの結果を第三者に移すことです。事故のときのリスクは保険に入ることのように、保険や保証のような財務的なリスクに対しての対策として有効です。

軽減とは、リスクの発生確率を減らすようにすること、地震の耐震実験や火災の延焼防止技術試験等です。リスクに早期に対応することにより、リスクが発生した後のコストより低コストとなり効果的となります。

受容とは、時の如く受け入れることです。他に適切な対応がないときには受容するしかない。そこで大事なのは、一つの手段だけで安心しないことです。二の矢、三の矢まで考えておくことが大事です。事業を立ち上げるということは、戦いですから、競合も存在しますし、新しいことに対しては、法律や規制も立ちはだかります。

世間や風習習慣の壁もあります。様々なことを念頭に置くことが大事です。

しかしリスクは悪いことばかりではないのです。

リスクは、脅威としてだけでなく、チャンスとしても存在しますし、大いなる学習の場ともなります。それを乗り越えたら貴重な経験となり、知恵も付きます。逃げずにしっかりと向き合って事前に計画を立てることが成功の Key です。

2 リスクを評価する

リスクを装幀し対策をたてておく

リスクが発生したときに、どのように対応するのか、いかに対応して処理するのかを決めておきましょう。

そして誰がするのかを明確にし、管理する体制をつくっておきましょう。

さらに、リスクがあると言っても、それがどのくらいの影響があり、どのくらいの頻度で発生するのか等、その影響が大きいとか小さいとかどのようにして決めるのでしょうか。

そのようなときに使うのが、発生確率・影響度マトリックスです。

プロジェクトマネジメントプロフェッショナル（ＰＭＰ）では、発生確率・影響度マトリックスを作成し、評価をしています。

発生確率が非常に低い、低い、普通、高い、非常に高い、の５段階で確立を予測します。

コストの例で考えてみると、普通が「20％のコスト増加」と仮設定しますと、高いは30％、非常に高いは50％のように区分します。

更に他の項目（スケジュール・商品の品質）を取り込み、マトリックスにしてマッピングをして作成し優先順位を付けていきましょう。

この例では縦軸に、コストが高い低い。横軸に品質が高い低いのメジャメントを取り、マッピングしてください。

４つの象限の中で、コストも高く。品質も高い象限に入ったリスクが最優先のリスクとなり、対策を立案して、取り組まねばならないのです。

つまり自分の判断で、これはたいしたリスクではないとか、自分の経験から考えるとそう頻繁に起きることはないなど、勘と経験で大雑把に捉えている人が多いのではないでしょうか。

ちょっと前にはやった「想定外」では済せることは許されません。

起こるであろう想像できる限りのリスク項目を出して、しっかり評価し、的確な対策を取ることは今やビジネス起業時においては重要なことです。

（参考：プロジェクトマネジメント知識体系（PMBOK））

3 リスクへの対策を立案する

リスクの対応策

リスクの対応策は二とおりです。

1つはマイナスのリスクへの対応戦略であり、もう1つはプラスのリスクへの対応戦略です。

前章で、マイナスのリスク対応については記載しましたので、ここでは、プラスのリスクへの対応戦略の方法を考えてみましょう。

それは、活用、共有、強化、受容です。

活用とは、ピンチをチャンスにする発想です。そのリスクをチャンスとなるように対応を取ることです。またこのようなチャンスがまた来るように仕組みを考えることも大事です。

共有は、好機を第三者と組んでプラスにしてしまうことです。経験者とかその道のプロとかと能力の高い人や持っている人と連携してそのチャンスをものにすることです。

強化は、リスクの発生確率やプラスの影響が増大し最大になるように対応することです。

それに影響を持つリスクの要因を特定し、取り除いておくこともいい効果に繋がります。

受容はチャンスの増大や最大化を特にしない対応をいいます。

リスク管理というと、危険なことに対しての対応策ばかりと考えがちですが、プラスのリスクもあるということを忘れずにいてください。

ピンチの後にチャンスありという言葉もあります。

それもしっかり対応すればすごい好機となるのです。

4　撤退も戦略の１つである

撤退のラインを決めておく

撤退も視野に入れておかねばなりません。

すべての戦略が成功するなどということはありえません。

わかっているけれどその選択を、「撤退」をすることができないことが多いのも事実です。

そのまま継続して立ち直れない大きな傷を負う前に決断をしなければならないのですが、それが難しいと言われています。

わかっているけどなかなかできない。

だからこそ、しっかりと撤退のラインを決めておくことがKeyです。

たとえば、重要業績目標（売上目標・利益目標・営業利益率等）の未達が続いたときは撤退をすると決めることが大切です。

しっかりと未達の期間や金額などを決めておきましょう。

たとえば、３カ月連続で30％以上未達のときは撤退するとか…。

更にポイントは、重要業績目標を達成するための指標（先行指標とも言います）を決めておきましょう。

売上目標を達成するためには、新規開拓件数…件と先行指標を設定します。

その先行指標の未達状況が続けば、当然重要業績目標は未達となります。

つまり結果を待ってから決断するのではなく、プロセスの段階で先行指標の未達が続いたら、シグナルが出て来ているのですから、早めの手を打つことは勿論ですし、撤退の文字がこのときに浮かんでくるように自分でマネジメントしなければなりません。

そうすればタイミングを逃すことなく、決断できるはずです。

トップなのですから自ら決めねばなりません。

タイミングがずれてみたり、まして決断しなかったりとの例をたびたび見て来ましたので、そこで簡単な予防策を紹介します。

自分自身の行動特性をよく理解しましょう。

自分自身の行動の特性が理解してないと、この先いろいろな局面で痛手を負うことになるかもしれません。

コミュニケーションコーチングの世界でよく使われる行動特性によるタイプ分けを活用して自分自身のタイプを理解しておけば、撤退の決断も逃すことなく、遅きに逸することもなく、タイミング良く判断できるになります。

行動特性のタイプ

簡単にその行動特性のタイプを紹介します。

支配者タイプは、他人にコントロールされるのが嫌で、指示されるのもよしとしないタイプです。

次は、物事を促進するタイプです。アイデアマンを次から次から考えて、楽しければ最高と思うタイプ。

支持型タイプは、人を応援することや支えることが好きな人であり、人の話をよく聞いてくれる良い人です。

そして、論理的なタイプは、段階を踏んでしっかり論理的に物事を進める人で、調べたり計画したりして慎重に物事を進めるタイプです。

自分自身がどのタイプなのか、その良さと弱みを考えてみると、自分が相談すべき人のタイプも明解になります。

自分が支配者タイプだとしたら、支持型の相談者タイプが必要でしょう。サポートをしてくれる参謀が必要なのです。

促進型は、アイデアや思いつき、ユニークでしかも次から次へと湧き出てきますが、同じことを継続的にコツコツやっていくことは得意ではないのですから、このタイプには論理的なタイプの人が付いてるといいです。

支持型は、人がよく人間関係を壊したくないと我慢してしまうので、支配者や促進型タイプの人に相談できるように関係を構築しているとよいですね。

論理的な人は、段階を踏んで納得しないと動けないので促進型の人が参謀でいるとベストですね。つまり周りの人に相談したり、サポートしてもらい、撤退のタイミングを逃さないようにしておきましょう。

ここでいう相談したりサポートしてくれる「人」とは、その事業や製品についての専門的知識がなくてもいいのです。「ただの素人が一生懸命やれば、適当なプロに勝る」という言葉があるぐらいですから。

戦略とは捨てることである

判断せず、優柔不断で先送りの結果、再び復活するチャンスも捨ててしまうようなことのなきよう十分ご注意ください。

自分のタイプを考えて最適な相談相手や参謀を身近な友人、知人、支援者の中で持っておくようにすべきです。

また撤退とか継続拡大とか、戦略はトップが決めるものですから、貴方が決めねばなりません。日頃から意思決定の経験が豊富で、そのプロセスにも熟知している人はいいですが、そうでない多くの人は、その達成状況で自動的に決めていくようなルールを決めておきましょう。

「戦略とは捨てることである」という言葉も心に留めておいてください。

何かを始めるときは、何かを止めなければできません。

あれもこれもと総花的になって、持っている力を分散させ、失敗することのないように注意しましょう。

集中と選択も同様です。集中するためには何かを捨てなければ集中できないのは明白です。

5　現役時代のプライドは捨てよう

新しい世界に向かうチャンスを取る

事業の立ち上げがうまくいかない。支援者が出てこない。お客様ができない、増えない。応援者も離れて行くなどの要因として、現役時代のプライドがあると言われています。

とくに大企業に所属していた人は要注意です。

サラリーマンを辞めるということは、すべてが変わるということです。

私の経験談の一つですが、前述した事務所を探しに不動産屋さんを回っていたときの話を思い出してください。

「貴方の今がどれだけ信用があるのか、ないのか、が重要なのであって、今までいた会社がどうのこうのなどは一切関係ない」と痛烈に言われた事例です。

また、銀行で口座を新たにつくろうとすると、これまた同様に「今の状況がどうなのかが知りたいのでどこに勤めていたのかは、今は何の関係もありません」と言われました。

文字通り「独り」なのです。これが「独立」をするということなのです。

今までは大なり小なり「所属している会社」が我々の「証明書」であり「看板」でした。つまり何もないゼロベースになるということは、前のプライドを捨てなければいけないのです。しがみつかずに、プライドなどすてて新しい自分をつくるぐらいの気持ちがないと失敗します。また、経歴書や履歴を装飾して、世間から断罪された人も沢山います。新しい自分をつくる気概がない人が、かってのプライドを忘れられないばかりか、脚色して飾り立てて見栄え良く見せているようなエセプライドは必要ありません。しっかりと区切りをつけて、新しい世界に向かうスタンスを取り、ぶれずに軸を堅持することです。微動だにしない軸を打ちたてましょう！

自分の生きた意見を持つ

生きた魚を手にするには、自分で出かけて行き上手く魚を釣りあげなければならない。これと同じように、自分の意見を持つためには、自ら動いて自分の考えを掘り下げ、言葉にしなければならない。そしてそれは、魚の化石を買う連中よりもましなことだ。

自分の意見を持つことを面倒がる連中は、金を出してケースに入った化石を買う。この場合の化石とは、他人の意見のことだ。そんな彼らの意見はイキイキしておらず、いつまでたっても変わらない。この世にはそういう人間が数多くいるのだ。

（超訳ニーチェの言葉より引用）

リスクを産む内的要因と注意事項をまとめてみました。

①自分の意見がNo.1だと勘違いをしている。

自分の意見が正しくて、他の意見は無意味と切り捨て、自己陶酔にはまり込み満足している状態。

②自己の優越性を異常に強調する人。

それはタダの勘違いであること早く知らないと大変なことになります。世の中は広い。自分の所属しているドメインがすべてではないのです。

③異なることや違うことを認めない人。

自分と意見が違うのは、間違いと決め、意見やアドバイスを言ってくれる人（もっとも大事にしなければならない人たちなのですが）を排除するような人に先はない。

④想定されるリスクを異常に低く見積もる体質の人。

過去に成功してきた人ほどこの傾向は強くなる。その成功体験も既に過去の世界での体験なのだから、起業後には役に立たない事が多いのです。過去にしがみついても未来は掴めません。

⑤公私混同する人。

この会社をつくったのは自分である。商品や価値を考えたのも自分である。したがって、この会社は自分のものであるという三段論法は通じません。

内部から崩壊しないように注意をしましょう。

第 7 章

自分自身が楽しくなくては成功しない【できる継続の Key】

1　起業を楽しむ

企業生存率

起業をすることは、従来は大変な労力や資金力がないとできませんでしたが、今は会社法の変更もあり、簡単に起業することができるようになりました。

毎年11万社前後の会社が登記されていますが、1年後に生き残っている会社は4割しかないとの統計もあります。

企業生存率、つまり企業が生き残る数は、企業後、年数が経てば経つほど低くなります。

1年後は40%、5年後は15%、10年では何と6%しか残っていません。

創業100年などという会社は本当に素晴らしい会社なのです。

世の中にどのくらいお役に立っているのかが一つの物差しではないかと思います。

簡単な分だけ簡単に潰れていくのが現状なのですから、心して様々な準備や備えをして臨みましょう。

成功の秘訣の一つは、起業のプロセスを楽しむことです。

起業の元になっている「自分がやりたいことは何？」「何を世の中に発信したいの？」「何を提供することでリターンを求めるの？」「どのようなお客様にどのぐらいの笑顔を与えたいの？」等を考えること、発想すること、描いてみたり、書いてみたり、つくってみたり、見せて評価を貰ったり、して見てください。

様々なプロセスが楽しくなくては続かないのです。

続かなければ成功の道は狭まります。

狭まればすべてが委縮してしまい「失敗」への道へ転がり込んでくるのです。

楽しくやる秘訣

では、楽しくやる秘訣は何なのでしょうか。

まずは楽しいという定性的な概念を明確にしておくことです。

楽しいということの定義が必要です。

特に一人でなく複数の人と組織を運営するときには、必須だと思います。

まず自分が思う「楽しい」ということはどういうことなのだろうか。どのような状態を言うのだろうか。どうなっていれば楽しいのだろうか等を明解にすることです。

複数で運営時では、起業時に、このすり合わせをしっかりやってないと、後々それぞれの「楽しいさ」が違ってきて、上手くいかない要因となります。

会社のスローガンにもよく出てくるのですが、「明るく楽しく優しい会社」というのがあります。コンサルティングで人材育成などをしているとよく聞く定番のスローガンです。語呂合わせもよく、覚えやすく、簡潔ですからよく使われています。

しかし、経営者は明るく楽しく優しい会社だと思っていますが、社員は全然思ってないし感じていないという現場もよく見かけます。

更に社長から「もっと明るくやれ！」などと叱咤されている様子を見ると、もうその時点でお互いの齟齬がありすぎて乖離率は大きすぎて、修復不可能な状況に陥っていると思います。

このような会社にならないためには、スタート時点で、わが社のいう明るくということは、こういうことなのであると決めておくことです。

そうすれば、乖離率は小さくなります。

定義の事例を紹介します。

①肩書や経験に関係なく意見が言えること。

②いつでもどこでも本音本気でやりとりができること。

③違うは間違いではなくアイデアの源泉であるので頭から否定しないこと。

など3カ条程度にわかりやすく規定しておくことが大事です。

このような職場ができたら「明るい職場」と言うと決めておくのです。

決して事務所の電球のワットを大きくすれば明るくなるということではないのですから。

モチベーション理論でもいわれてますが、動機づけは不満要因を解消するでだけでは向上しないのです。

促進要因と衛生要因

フレデリック・ハーツバーグが提唱した、人間のモチベーション要因に関わる「2つの要因理論」で見てみると、人は仕事をするとき、何に対してやる気を見せるのか、あるいはやる気を見せないのか、そのやる気を引き出す要因を「促進要因」といい、反対にあってもやる気を引き出せないが、なければやる気が阻害される要因を「衛生要因」といっています。

①促進要因（動機づけ要因）

モチベーションを形成する要因としては参画・没入・承認・達成・仕事への責任・昇進など、自己の成長や個性化、自己実現を望む欲求があげられます。

②不満要因（衛生要因）

賃金・労働条件・労働環境・福利厚生・コミュニケーションなど職場における環境要因をさします。

これらの要因は不満の矛先にはなるが、仮にその不満を満たしても決して仕事に対する満足に結びつく要因とはならないのです。単に不満な状況に陥ることを防ぐ要因であるということから「衛生要因」といいます。つまり衛生要因をいくら高めてもモチベーションは上がらないのです。

モチベーション形成にあたって上司は部下に責任ある仕事を与え、推進過程における部下の努力を認め、サポートし部下への関心を持ち、モチベーションの持続を図り、業務目標達時に成長を認めてあげて、部下の達成感と仕事の満足度を高めるという一連の取り組みが大切になるのです。

自分の好き嫌いに流れることなく、自己本位の楽しさの追求に陥いることのないように定義をしておくことが成功の Key です。

独立起業して楽しくもない、面白くもないという状況は避けるためにも、ワクワク！ ドキドキ！の楽しい起業を目指しましょう。

2　利益は楽しむと自然に出てくる

利益とは

まず利益とは何かを考えてみよう。

起業を考えている人が頭に浮かぶ利益とは？

営業利益や経常利益がまず浮かぶのではないでしょうか。

それは事業を始めるに当たって当然予測しておかねばならないことであり、立ち上げてからは利益計算を行うのは当然のことです。

まずはこの領域の利益をしっかり押さえておきましょう。

売上から原価を引くと、売上総利益であり、そこから販売管理費及び一般管理費を引くと営業利益です。それに営業外費用を引いて、営業外収益をたすと経常利益となります。一般的に、利益とは、「儲け」といいます。儲けるということ、つまり得をするということです。

利益を上げるとは

そこでちょっと考えてみましょう。

その利益は、どのようにして上がるのでしょうか。

ある知り合いの講師の方が「利益とは、お天道様に向かって立ったときに影ができる。それが利益だ。しっかりきちんとお天道様に向かって立っていれば、影は大きく長くなる。利益がしっかり出てしかも大きくなる。歪んだりしゃがんだりでは影は小さくなる。つまり利益が少なくなる」と紹介した言葉を思い出してください。

つまり、しっかりとした起業の思いがあり、その目的達成に向けて戦略が立てられていて、確実に実行すると、支援者の輪が広がり、新しい価値を提供し続けていくスパイラルが起きるだけでは足りないということではないでしょうか。

しっかり立つスタンスが成功のKeyなのです。

しっかり立つとはどのようなことでしょうか。

ウィキペディアよると、仏教言葉では利益は「りやく」ともいうと解説してありました。

つまり、ためになること。恩恵を与えることではないでしょうか。

自らを益するのを功徳、他を益するのを利益という、と書いてあります。つまり、ここでいう利益とは他を益することであると書いてあるのです。

このように解釈すると、しっかり立つということの意味が明解になってくると思います。

この理想と現実の差のなんと大きいことかと嘆く必要はありません。

差が大きいからこそ取り組む価値があるのです。

夢も希望も思いもなければ企業する必然性も出て来ません。

志を持って起業すれば間違いなく「楽しく」なります。

私は数字を否定しているのではありません。

数字はもちろん大事です。手段と目的を間違わないようにして欲しいのです。

数字や利益は達成したい大きな目的のための、手段なのです。

最終目標は予算の達成でもなく、利益の額でもないのです。

それはその目的を達成するために必要な手段であり、途中のマイルストーンなのです。このことに気づいた人から利益がでて来るのではないかと思います。

そのためには、その目的が社会に有益であり、多くのお困り事が解決されて、笑顔が増えて来て、楽しくならねばなりません。

まずは、自分自身が楽しくて、楽しくて仕方ないと思えないといけません。

これがないと、これから到来するであろう難関を乗り越えていくことはできません。

さらに他の人が「それ楽しそう！」「一緒に参加させて、やらせて！」と言いだしてくるような状況になると利益は自然に出て来ると思います。

目先を追うばかりに、何のために事業を始めたのか、何をしようとしたのかという本質を忘れてしまうと虚しくなり、数字だけとの戦いの中で達成したり、乗り切るためのテクニックだけが先行する綱渡り経営となってしまうのです。

楽しくするのか辛くするのか。明るくするのか暗くするのか。すべては自分自身のスタンスです。

芯を打ち立てよ！　そして軸をぶらさずに！　これが成功のKeyです。

ちなみに、儲けるとは「設ける」が語源であるとも言われています。

つまり、しっかり準備をすることなのです。

3　常に成果を求める

マイルストーンを決めてやり抜く

楽しくやらなければ続かないが、成果を上げないと事業は継続しないことも明白です。儲けないといけないが、儲かるにはそれなりの理由があります。

提供するものやサービスの価値であったり、しっかりしたコンセプトであったり、多くの人の共感であったり、支援であったり、これらが欠けていては儲からないとなるのです。

ドラッカーの「マネジャーとは成果を上げる人」であるという言葉を思い出します。決めたらやり抜き成果を出すことが求められるのです。

成果を出す秘訣の1つはマイルストーンを決め、段階的にステップを踏んでいく計画をつくることです。

いきなり大成功などということはあり得ません。いわんやあったとしてもそれはフロックであり、たまたま起きたことであり、ビギナーズラックでしかないのです。

良いことへの道

すべての良い事柄は、遠回りの道を通って、目的へと近づいていく。

（超訳ニーチェの言葉より引用）


また良いことが来るぞと期待しているようではいけません。

たまたままた当たるという願望だけであり「ばくち」と同じです。

マイルストーンとは、道路にある距離を表示する標識のことです。

10マイル、20マイル、…１００マイル、という看板です。

つまり段階を踏んでステップごとに計画を立て目標に向かって着実に進捗を確認しながら進んでいけば目標を達成することができます。

一気に目標達成するとか、勢いと気合いでやるのではないのです。

途中の段階での進捗確認を行いながら、上手く行ってないときには早めの対策を打ち、修正のアクションを起こし、とＰＤＣＡを回して行くのです。

そうすれば、確実にステップアップして行きます。

さらに上手く行っているときには、もっとうまく行くにはどのようにしたらいいのかと、更なる改善に繋げるのです。目的に向けたマイルストーンをしっかり設定していくことが成功の Key です。

さあ！　スタートしましょう！

4　夢を持て　夢がなければ目的もなくなる

吉田松陰の言葉

長州藩士であり、明治維新の精神的指導者と言われている、吉田松陰の言葉です。

「夢なき者に理想なし、理想なき者に計画なし、計画なき者に実行なし、実行なき者に成功なし。故に、夢なき者に成功なし」という言葉です。

それをもじって、我々の業界では、次のように語られています。

夢のない人は希望がない。
希望のない人は目標がない。
目標のない人は計画がない。
計画のない人は行動がない。
行動のない人は実績がない。
実績のない人は反省がない。
反省のない人は進歩がない。

進歩のない人は夢がない。

私はいつもこの言葉を大事にしていますし、受講生へ伝えています。

目的がないと夢も希望もない。夢も希望もなければ、何のために生きているのか？

何故頑張っているのか、何故耐えているのか、がわからなくなってきます。

まして先が見えなくなると、人はますます不安になってきます。

困難にあったときや辛いとき、はたまためげるときは必ずあるのですから。

そんなときこそ、どうやるかではなく、何のためにやるのかをしっかり考えましょう。

自分自身の中にそれをしっかりと持っていないと、ぶれてしまいます。

ぶれると揺れますから、悩みや要らぬ考えを巡らせてしまうのです。

ＨｏｗではなくＷｈａｔで

このようなときこそ、Ｈｏｗでなく、Ｗｈａｔを考えてください。

このＷｈａｔ（目的）を忘れずに、その達成に向けての計画をしっかり立てることです。

そのツールや方法の一部は紹介してきました。

是非とも使ってください。トライしてみてください。

気づいたことや勉強したり、スキルを身に付けたりしたものを使わないと身になりません。

更に成果にも繋がりません。

それは行動しないからです。知ってるよ！　そんなのわかっているよ！　では成果に繋がりません。

知ったことや学んだことを、使わないと意味がないのです。

使っているよ！　は勿論のこと、それを教えているよ、やらせているよ、一緒にやっているよ！となならないと変化が起こりません。

変化が起きないということは、成果に繋がらないということです。

つまり成果を出すためには、行動する力が必要なのです。

商品や新しい価値をつくるにはアイデア力が求められます。

計画を立てるには企画力が求められます。

それを実行するには行動力が必要なのです。

行動なくして語るのはタダの評論家です。

私は事業を起こして、自分自身の夢の実現を通して、社会にお役に立てて、その活動の中で、自分自身の成長が実感できて、そしてそれを喜べることができたら最高の人生であると思っています。

夢を持ってそれを語りましょう。

5　事業が継続するポイント

重要なのはイノベーション

そのポイントの最重要なことは、イノベーションだと思います。

オーストリアの経済学者のシュンペーターが唱えた五つの類型にそのヒントがあります。

①新しい財貨すなわち消費者の間でまだ知られていない財貨、あるいは新しい品質の財貨の生産。
②新しい生産方法の導入。
③新しい販路の開拓。
④原料あるいは半製品の新しい供給源の獲得。
⑤新しい組織の実現。

つまり「新結合」「新機軸」「新しい切り口」「新しい捉え方」「新しい活用法」（を創造する行為）のことと語られてます。

誤解されているのが、何か新しい発明や発見でないとイノベーションとは言わないとか、技術に偏住していたりしている傾向がよく見られますが、しかしそうではないのです。

新しいアイデアから、新たな価値を創造し、社会的に大きな変化をもたらす、人・組織・社会・情報等の幅広い変革を意味すると解釈するのがいいのではないかと思います。

「新しい価値の創造」であり、日本経営品質協会（ＪＱＡ）的に表現すれば「価値経営」なのです。

ドラッカーのイノベーション

イノベーションと企業家精神（ダイヤモンド社）の中で、ドラッカーはイノベーションの七つの機会として次のように言っています。

①予期せぬ成功、予期せぬ失敗、予期せぬ出来事。
②ギャップを探す。
③ニーズを見つける。
④産業構造の変化を知る。
⑤人口構造の変化に着目する。
⑥認識の変化をとらえる。
⑦新しい知識を活用する。

イノベーションの可能性が最も高いのは「予期せぬ出来事」が起こったときだと言っています。

つまり、予期せぬことが起こると、早く解決しようとし、蓋をしたり、消したり、隠したり、削除したりと対応してしまう。

しかし、それではイノベーションは起こりません。

え？　それなにと So What で考えることが大事です。何故を繰り返すことです。

そのときのスタンスはゼロベース思考であることです。

かつての経験や体験してきたことやトレンドで考えるのではなく、それは何故、え？　どうして
そうなの、なんで？　と考えないと、イノベーションに繋がりません。

アンテナを沢山もつ

ではその秘訣はなんでしょう。それは、なんにでも興味を持つことです。

そのためには、アンテナを沢山持つように心がけることです。

また、最近では、Business Continuity Plan（ＢＣＰ：事業継続計画）を策定し運用できるように備えよと言われています。

中小企業庁によれば、ＢＣＰとは企業が自然災害、大火災、テロ攻撃などの緊急事態に遭遇した場合において、事業資産の損害を最小限にとどめつつ、中核となる事業の継続あるいは早期復旧を可能とするために、平常時に行うべき活動や緊急時における事業継続のための方法、手段などを取り決めておく計画であると規定しています。

緊急事態は突然起きます。

「予想しなかった」とか「予想をはるかに超える事態になってしまった」では済まされません。

我々零細中小は、経営基盤が盤石ではないので、緊急事態が起こったときには、事業の継続ができなくなることはもはや想定内で考えなければなりません。

常日頃からリスクマネジメントの一環として準備し、備えることが大切です。

そうすれば想定外の事態が発生したときにも、傷は浅く済みますし、復旧もおのずと早くできます。

またそれが大切なお客様を守ることにもなり、結果企業価値の増大へと繋がり、サスティナビリティが実現できるのです。

（参考：中小企業庁、BCP 策定運用指針
http://www.chusho.meti.go.jp/bcp/contents/level_c/bcpgl_01_1.html）

６　失敗も乗り越えて楽しくするには

問題から逃げない

人生一度も失敗をしたことがないという人はいないでしょう。

人生は失敗の連続であるし、仕事も失敗の連続からどのように這い上がるのかが成功の Key であると言われています。

そのためには、問題から逃げてはダメです。

目をそらさず現実を、事実を、正しく把握し認識し問題の真因を見つけることが、這い上がり楽しくなる秘訣です。

たとえば、クレームなどは典型的な例ですが、隠せば後々大きくなって取り返しのつかないことになるし、隠しきれないと思い、報告したときは遅きに逸し、手の打ちようがなかったことなどを経験してきた方は多いと思います。

クレームも問題も同様で逃げたら追いかけてくるし、逃げている間に拡散し拡大するものですから、嫌でも苦しくても正面からしっかりと取り組んで向き合うしかないのです。

失敗を乗り越えて、楽しくなるには、まずこのスタンスを取れるかどうかです。

次に、その真因はなんなのだろうと考え、探すことです。

考える力は、生きる力です。人生は、問題解決の連続であり、それを乗り越えて行かないと人生は切り開けないのです。

諦めてぶら下がる人生を送るのか、正面からぶち当たりなんとか乗り切り、次に向かうのか。このような力を付けて行けば、必ず成功します。

逆転の発想

もう一つのヒントは、逆転の発想をすることです。

世の中を変えるようなヒット商品はコンセプトが逆転している例が多いのです。

古くから言われているソニーのウオークマンは、音質の良い持ち運べるプレーヤーはないかと当時名誉会長であった井深大さんが、米国出張等のときに「機内で音質のいいきれいな音で音楽が聴けるモノをつくって欲しい」と言ったことがきっかけです。

つまり従来の「家で聴く」というコンセプトを「外で聴く」と逆転させたからできたのです。

今や社会インフラになったコンビニの当初のコンセプトは「開いてて良かった」でした。

夜になると小売店は店を閉めてしまい、「あ！　電球が切れてしまった」などのときに、「開いてて良かった」と逆転の発想をコンセプトにしたのです。

携帯電話は今やスマートホンとなり、「持ち運びできる小型ＰＣ」とのコンセプトになっています。

このように発想を変えるとヒントが出て来ます。それが他者との差別化にもなるのです。

つまり失敗を乗り越えるには、従来の延長線上で考えていてはダメと言うことです。

発想を変えれば着眼点が変わります。

そうすると新しいヒントがいくつでも見えてきます。

自分の能力を自分でこのぐらいかな…と限定する必要はありません。

私たち人間は、自分の脳の10％しか使ってないという説があるぐらい（アインシュタインが言ったとの説もある）未使用な部分が大半を占めていることは間違いないようです。

そうすると、顕在化してない能力は沢山あるということですから、自分の潜在能力と秘めた可能性を信じて、自分自身の夢と目的の実現のために最大頑張ることは価値あることではないでしょうか。

思いの続く限り、考えて考え抜いて、行動し、「壁」を乗り越えて行きましょう！

決してあきらめず！　ゼロベース思考で！　そこに成功の Key が必ずあると信じてます。

あとがき

次のステップへ

サラリーマン現役時代は、「ひろ」とか「ヒロちゃん」と呼ばれていました。

相手からどのように呼ばれるのか？　でお客様との関係性も計れると思います。

営業時代に、「フジさん」と呼ばれ、「いえいえ、お客様、フジではありません。弊社名は…」と、懸命に会社の生い立ちから歴史、そして社名の由来でもある資本関係などを説明したことを覚えています。

コンタクトが取れて、関係性が緊密化して来ると、「フジさん」はとは言われなくなり、社名をフルネームで呼んでくれるようになります。

更に、個人名で呼んでくれるようになり、お客様からも「ひろちゃん」と愛称で呼ばれるようになってきます。

このステップが上がった状態の「お客様」がどのくらいいるのかがKeyです。

更に、そのネットワークが、所属していた「社内」でなく「社外」で構築できると最高。

「社外」でのネットワークつくりは次のステップへ行く、重要なマイルストーンなのだから。

「社内」にいるうちに「社外」のネットワークをつくる「礎」を意識し行動することが大事です。

あとがき

そのためには、アンテナを沢山持っていないと駄目なのです。

アンテナの数だけ、情報が入り、情報を発信し、ネットワークができるのですから。

アンテナの数は、「興味」の数に比例すると思います。

自分が好きなことばかりでは拡がりません。嫌いなものでもます口に入れて噛んで見る「挑戦心」が大切です。

自分自身の固定観念に囚われることなく、自縛を解いて、自らの手で、自分を覆っているフレームを破壊し、自由に物事を考え見て感じることが必要なのです。

私は「個と組織のパフォーマンスを向上する」ことを、研修や教育を通して実現し、お役に立ちたいと思い、会社を立ち上げました。

そして感謝！　感激！　感動！　の世界を皆さんと一緒に創りましょう。

世の中に少しでもお役に立ち、その活動の中で、自分自身の存在を感じ喜んで、ワクワク！　ドキドキ！　イキイキ！　の人生を送るのが夢です。

目標は高く！　思いは熱く！　始めるから始まるのです。

廣橋　潔則

著者略歴

廣橋　潔則（ひろはし　きよのり）

ヒューマン・アセット・コンサルティング（株）代表取締役。1978年10月、富士ゼロックス（株）入社。地方のエリアセールスからスタートして営業マネジャーを10年経験。

その後、本部スタッフとして教育領域に関わる。営業力強化推進部にて、幹部候補生育成プログラム、人材開発センターにて営業変革プログラム、2000年からは販売教育部長として、全国の営業部門の人材開発を主管、マネジメント教育や営業力強化プログラムなどの企画・開発・展開を推進。その後、東京支社ドキュメントソリューション第二営業部長、大阪ゼロックス営業本部長を経て、富士ゼロックス総合教育研究所で事業力強化部長、チェンジマネジメントコンサルティング部長。エグゼクティブコンサルタントとして、中小企業の経営層育成の「塾」を企画・開発・展開・実施。2008年7月、早期退職。

同年10月ヒューマン・アセット・コンサルティング株式会社を設立し活動中。

問い合わせ先は、〒107-0062　東京都港区南青山2-2-15　ウィン青山1308
メールアドレス：hirohashi@hachuman.co.jp

保有資格
・PMP（Project Management Professional 米国PMI認定489448）
・ITｺｰﾃﾞｨﾈｰﾀｰ (ITC協会認定番号0071942011C)
・アクションラーニング認定コーチ（日本アクションラーニング協会認定番号AL080105）
・経営品質協議会セルフアセッサー（経営品質協議会認定番号JQAC07435）
・慶応義塾大学SFC研究所上席研究員（～2014年3月末まで）
・日本ﾏｰｹﾃｨﾝｸﾞ協会ﾏｲｽﾀｰ
・DISC認定コーチ
・メンタルヘルスマネジメントⅡ種（認定番号152020001256）

アラフィフ世代に贈る起業術

2016年11月22日　初版発行

著　者　廣橋　潔則　©Hirohashi　Kiyonori
発行人　森　　忠順
発行所　株式会社 セルバ出版
〒113-0034
東京都文京区湯島1丁目12番6号 高関ビル5B
☎03（5812）1178　FAX 03（5812）1188
http://www.seluba.co.jp/
発　売　株式会社 創英社／三省堂書店
〒101-0051
東京都千代田区神田神保町1丁目1番地
☎03（3291）2295　FAX 03（3292）7687

印刷・製本　モリモト印刷株式会社

●乱丁・落丁の場合はお取り替えいたします。著作権法により無断転載、複製は禁止されています。
●本書の内容に関する質問はFAXでお願いします。

Printed in JAPAN
ISBN978-4-86367-305-2